我国交通运输标准国际化发展与实践

陈宗伟　吴忠广　王　冀　编著

人民交通出版社

北京

内 容 提 要

本书总结梳理了近年来交通运输标准国际化工作取得的主要进展，介绍了主要国际标准组织及发达国家标准化管理现状及发展战略，分析了行业标准国际化典型案例，对标准国际化水平综合评价开展有益探索。结合交通运输标准国际化发展基础和形势要求，提出标准国际化发展对策建议。

本书可供交通运输行业企事业单位人员、科研工作者及相关专业的师生使用，希望为交通运输及相关领域单位、机构以及科研工作者开展标准国际化工作提供思路借鉴。

图书在版编目（CIP）数据

我国交通运输标准国际化发展与实践／陈宗伟等编著. — 北京：人民交通出版社股份有限公司，2025.8
ISBN 978-7-114-18972-2

Ⅰ.①我… Ⅱ.①陈… Ⅲ.①交通运输建设—标准—研究—中国 Ⅳ.①F512.3-65

中国国家版本馆 CIP 数据核字（2023）第 167466 号

Wo Guo Jiaotong Yunshu Biaozhun Guojihua Fazhan yu Shijian

书　　　名：	我国交通运输标准国际化发展与实践
著 作 者：	陈宗伟　吴忠广　王　冀
责任编辑：	潘艳霞
责任校对：	龙　雪
责任印制：	张　凯
出版发行：	人民交通出版社
地　　　址：	（100011）北京市朝阳区安定门外外馆斜街 3 号
网　　　址：	http://www.ccpcl.com.cn
销售电话：	（010）85285857
总 经 销：	人民交通出版社发行部
经　　　销：	各地新华书店
印　　　刷：	北京交通印务有限公司
开　　　本：	787×1092　1/16
印　　　张：	7.25
字　　　数：	133 千
版　　　次：	2025 年 8 月　第 1 版
印　　　次：	2025 年 8 月　第 1 次印刷
书　　　号：	ISBN 978-7-114-18972-2
定　　　价：	80.00 元

《我国交通运输标准国际化发展与实践》

编 委 会

主　　编：陈宗伟

副 主 编：吴忠广　　王　冀

编写人员：王显光　　王　伟　　潘　硕　　张好智

　　　　　张　宇　　田万利　　李　娟　　郝嘉田

　　　　　陈　景　　汪　炜　　李　滕

前　言

PREFACE

国家和交通运输行业高度重视交通运输标准国际化工作。习近平主席在第二届联合国全球可持续交通大会上特别指出要"加强基础设施'硬联通'、制度规则'软联通'"❶,对交通运输标准国际化发展提出明确要求。交通运输行业深入贯彻落实习近平总书记重要讲话精神,积极开展了大量标准国际交流合作实践。"十四五"时期,我国交通运输标准国际化工作进入高质量发展的新阶段。加快建设交通强国、构建现代化高质量国家综合立体交通网、提升行业治理能力,要求充分发挥标准化的战略作用,加快转化应用适用的国际标准,推动我国优势技术纳入国际标准,促进我国标准的海外应用。然而,当前交通运输标准国际化发展基础相对薄弱,各领域发展不均衡,标准国际化整体水平与技术发展程度不匹配。

针对交通运输领域标准国际化发展趋势与问题瓶颈,近年来,在行业标准化主管部门的支持和指导下,交通运输部科学研究院标准与计量研究中心围绕交通运输标准国际化发展顶层规划、国内与国外标准比对分析、标准属地化应用、标准国际化基础能力建设与支撑保障制度等方面开展了交通运输标准(定额)项目、交通运输标准规范研究制(修)订经费项目等多项研究工作,研究成果有力地支撑了《交通运输标准化"十四五"发展规划》(交科技发〔2021〕106 号)的研究与制定,支撑了交通运输领域国际标准提案库建设等多项标准国际化重点工作。为了及时总结固化行业标准国际化工作典型经验,为交通运输标准国际化工作主要方向和实施路径提供思路建议,我们组织编写了本书。

本书系统总结梳理了近年来交通运输标准国际化工作取得的主要成果,

---

❶ 《习近平出席第二届联合国全球可持续交通大会开幕式并发表主旨讲话》,《人民日报》2021 年 10 月 15 日第 1 版。

介绍了国际标准化组织(ISO)、国际电工委员会(IEC)、国际电信联盟(ITU)等国际标准组织,欧盟、东盟等区域标准化组织以及美国、日本、德国等主要发达国家标准化机构及其标准化发展战略,期望为行业相关管理机构和企业的标准国际化发展提供信息支撑。在编写过程中,我们对交通运输标准国际化重点领域及相关行业进行广泛调研,分析典型案例,总结工作经验,并对标准国际化水平的综合性评价与判定作了有益探索。通过基础研究及调研分析,在标准化战略研究下,结合交通运输标准国际化发展基础,提出国际化发展总体目标,进一步以2025年、2035年为时间节点,提出交通运输标准国际化各阶段发展目标,明确标准国际化发展主线、主要任务及重点领域发展思路,有策略、分步骤有序推进交通运输标准国际化发展。进一步细化具体对策措施,从政策制度、标准制定、参与工作、标准转化、海外应用、交流合作、工作基础、支撑保障等方面明晰发展路径。本书希望通过上述内容为交通运输领域及各领域标准国际化发展提供思路借鉴,以应对当前全球标准化发展竞争态势。

本书借鉴和参考了国内外一些专家学者的研究成果,相关参考文献已在书中注明。若有疏漏之处,敬请谅解并致以谢意,同时恳请将相关文献信息告知本书编写组。本书编写过程中,中国交通建设股份有限公司、国际小水电中心、中国电力科学研究院、中国电子技术标准化研究院等单位提供了典型案例及经验素材,张蕾、张苹等对本书提出了有益的建议,在此表示衷心感谢! 由于作者能力水平有限,本书内容难免有不足和疏漏之处,敬请读者批评指正。

作 者
2025 年 1 月

目　　录
CONTENTS

第 1 章
CHAPTER 1

绪论

1.1 交通运输标准国际化发展背景

1.1.1 交通运输标准国际化发展面临新机遇

近年来,国家高度重视交通运输标准国际化工作。党的二十大报告明确指出要"推进高水平对外开放,稳步推动规则、规制、管理、标准等制度型开放,增强在国际大循环中的话语权"。习近平主席在 2016 年致第 39 届国际标准化组织大会的贺信中提出"深化标准合作,加强交流互鉴,共同完善国际标准体系"❶,在第二届联合国全球可持续交通大会上提出"推进全球交通合作"❷的倡议,并宣布建立中国国际可持续交通创新和知识中心,为交通运输行业标准国际化工作指明了新的发展方向。高质量共建"一带一路",要求促进政策、规则、标准三位一体的联通,为互联互通提供机制保障。持续加快建设交通强国、构建国家综合立体交通网、建设可持续交通体系,要求推动交通运输政策、规则、制度、技术、标准"引进来"和"走出去",积极参与国际组织事务框架下规则、标准制修订,提升交通运输行业的标准国际化水平。在系列政策规划和专项行动的推动下,我国标准国际交流合作取得了实质性成效。

首先,通过"一带一路"倡议促进标准互联互通。国家市场监督管理总局、国家标准化管理委员会(简称"国家标准委")积极落实"一带一路"倡议,全面深化我国与"一带一路"共建国家(地区)在标准化方面的双多边务实合作和互联互通,有效支撑我国产品、技术、工程、服务等"走出去",促进投资贸易便利化。截至 2023 年底,中国已与巴基斯坦、俄罗斯、希腊、埃塞俄比亚、哥斯达黎加等 65 个国家标准化机构以及国际和区域组织签署了 108 份标准化合作文件,促进了民用航空、气候变化、农业食品、建材、电动汽车、油气管道、物流、小水电、海洋和测绘等多领域标准国际合作。根据合作协议,国家标准委将与重点"一带一路"共建国家标准化组织深化互利合作和互联互通,在双方共同关注的领域,相互采用对方标准,共同推动产品标准的协调一致,减少和消除贸易壁垒。同时,发布了中英、中法 70 多项互认标准,完成了中俄 590 多项标准的互换和比对分析。

---

❶ 《第三十九届国际标准化组织大会召开 习近平致贺信》,《人民日报》2016 年 9 月 13 日第 1 版。
❷ 《与世界相交 与时代相通 在可持续发展道路上阔步前行——在第二届联合国全球可持续交通大会开幕式上的主旨讲话》,《人民日报》2021 年 10 月 15 日第 2 版。

其次,区域国际标准化研究方兴未艾。近年来,积极推进区域标准化研究中心建设,助力中国标准"走出去"。目前,国家标准化管理委员会已经批复成立、筹建区域中心13个,包括深圳欧洲标准研究中心、上海北美标准研究中心、吉林东北亚标准研究中心和广西东盟标准研究中心等(表1-1)。区域标准化研究中心已日益成为支撑交通运输互联互通建设、服务"一带一路"倡议的重要技术力量。通过上海合作组织、中国—东盟、中国—中亚、中国—中东欧等区域合作机制,交通运输领域不断深化对外开放合作,扩大与有关国家(区域)交通运输合作交流,有效加强高速铁路、公路、港口等领域技术标准国际合作,为进一步推动标准"软联通"提供了关键机遇。

我国区域标准化研究中心　　　　　　　　表1-1

序号	区域研究中心名称	依托机构
1	深圳欧洲标准研究中心	深圳市标准技术研究院
2	上海北美标准研究中心	上海市质量和标准化研究院
3	吉林东北亚标准研究中心	吉林省标准研究院
4	广西东盟标准研究中心	广西壮族自治区标准技术研究院
5	黑龙江省中俄标准研究中心	黑龙江省标准化研究院
6	阿拉伯国家标准化(宁夏)研究中心	宁夏回族自治区标准化研究院
7	金砖国家标准化(浙江)研究中心	浙江省标准化研究院
8	中亚标准化(陕西)研究中心	陕西省标准化研究院
9	中亚标准化(新疆)研究中心	新疆维吾尔自治区标准化研究院
10	蒙古国标准化(内蒙古)研究中心	内蒙古自治区质量与标准化研究院
11	南亚标准化(成都)研究中心	成都市标准化研究院
12	南亚标准化(拉萨)研究中心	西藏自治区标准化研究所
13	台湾地区标准化(厦门)研究中心	厦门市标准化研究院

最后,参与国际标准化活动初见成效。参与国际标准组织程度逐渐加深,分配国际标准化资源能力日趋增强。截至2023年6月,中国在国际标准制定中的参与度达到82%。中国参与国际标准化组织(ISO)的技术委员会(TC)和分技术委员会(SC)数量为753个,承担ISO的80个TC/SC秘书处职务。中国承担的ISO秘书处职务主要分布在农业、能源、原材料、传统工业等领域,同时逐渐向先进装备制造、高新技术、新兴产业领域以及节能环保、社会治理等领域积极拓展。截至2023年6月,中国参与国际电工委员会(IEC)的技术委员会(TC)和分技术委员会(SC)数量为191个,承担的IEC的TC和SC秘书处职务数量为15个。世界各主要国家承担ISO和IEC秘书处职务情况,分别如图1-1和图1-2所示。

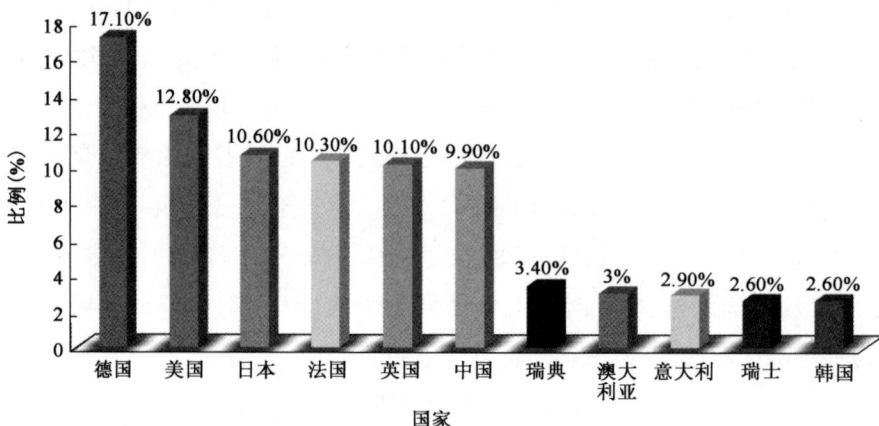

图 1-1　世界各主要国家承担 ISO 秘书处职务比例

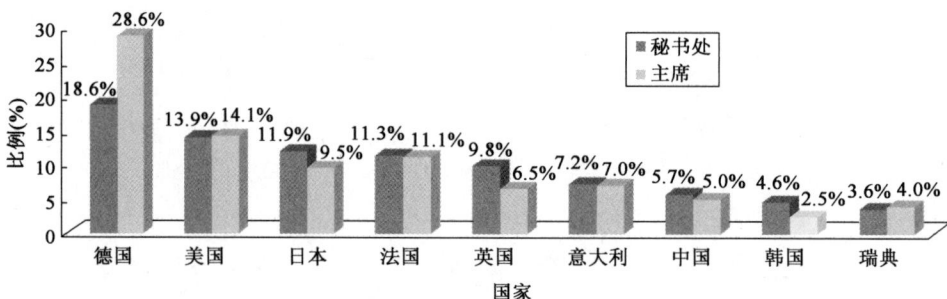

图 1-2　世界各主要国家承担 IEC 秘书处职务与担任主席比例

1.1.2　交通运输标准国际化发展面临新挑战

近年来,在国家和行业的大力推动下,交通运输行业依托"一带一路"倡议、国际和区域标准化合作机制,持续推动交通运输标准国际化工作,交通运输各领域标准国际化水平得到显著提升。但是,随着全球治理体系和国际秩序变革加速演进,国际标准化格局正在发生着深刻变化。

首先,国际标准化竞争日趋激烈。标准逐渐成为世界主要国家竞相争夺的战略性创新资源,多国纷纷出台标准化战略并加大标准国际化投入,用以抢占科技、市场先机。2023 年 5 月美国政府发布《关键和新兴技术的国家标准战略》,旨在加强美国在关键新兴领域国际标准方面的话语权;2022 年 2 月,欧盟发布《欧盟标准化战略》,计划通过五组"关键行动",将标准重新置于韧性、绿色和数字化的欧盟单一市场的核心,提升欧洲标准化系统的全球影响力。为此,我国交通运输行业需要积极应对,从标准国际化工作顶层设计入手,明确工作的主要目标、重点任务和实施路径,助推交通运输标准国际化高质量发展。

其次,交通运输标准国际化工作机制有待健全和完善。总体来看,交通运输标准国际交流合作的深度和广度尚显不足,工作缺乏系统布局,各领域各专业标准国际化发展不平衡、不充分,在标准国际交流合作过程中,政府、企业、社会团体、技术委员会及科研机构等各方角色分工不明确,各方作用未得到有效发挥,尚未形成合力,没有系统推动交通标准国际化工作。

再次,传统的标准化模式已经不能适应当前科技创新需要。为了在激烈的竞争中赢得先机,标准先行,或标准与技术创新协同发展,方能成为行业的领跑者。目前,我国标准化工作机制中政府色彩较浓,政府制定的标准大多数具有鲜明的国家和经济社会特点,缺乏鲜明的创新性与专利性,聚焦战略、新兴和未来产业的企业标准向国家标准、国际标准转化机制有待完善。另一方面,国内部分标准制定周期较长,对技术需求响应不及时,从科研项目立项到成果产出、从标准立项到标准发布实施是两个相对独立的体系,需要有效协调衔接。

最后,标准国际化工作基础仍需夯实。一是交通运输行业国际标准提案储备不足,主导制定的国际标准数量与西方主要国家存在明显差距,且多数以基础性国际标准为主,在相关领域体现我国优势技术并解决关键核心问题的标准较少。二是我国交通运输标准与国际标准一致性仍需提升。各领域国际标准转化率相差较大,个别采用国际标准的我国标准(简称"采标标准")未与最新版国际标准同步修订,国际标准转化数量和时效性需要增强。三是国际标准化人才培养机制仍需完善,系统的国际标准化专业教育较少,对国际标准化工作的重要性认识不足。国际标准化人才素质参差不齐,对国际标准规则的掌握程度、专业技术水平、组织协调能力、语言沟通能力等无法满足深度参与国际标准化工作的需求。

1.1.3 交通运输标准国际化发展面临新任务

交通运输行业持续推动标准国际化工作。2017 年,交通运输部与国家标准化管理委员会联合印发了《交通运输标准化体系》(交科技发〔2017〕48 号),将"标准国际化体系"作为"五大体系"之一,对行业标准国际化工作进行顶层设计和总体布局。2019 年,交通运输部出台《交通运输标准化管理办法》(中华人民共和国交通运输部令 2019 年第12 号),明确将标准国际化作为重要工作任务之一,鼓励组织和参与制定国际标准,持续推进交通运输标准的外文翻译和出版工作,加强与世界各国在交通运输标准方面的交流与合作。2021 年,交通运输部、国家标准化管理委员会、国家铁路局、中国民用航空局、国家邮政局联合发布《交通运输标准化"十四五"发展规划》(交科技发〔2021〕106号),提出"推进国际标准共建共享",设立标准国际化聚力工程专栏,明确具体工作要求。2023 年,交通运输部联合国家铁路局、中国民用航空局、国家邮政局、中国国家铁路集团有限公司印发《加快建设交通强国五年行动计划(2023—2027 年)》(交规划发〔2023〕21 号),明确提出"加强标准国际化工作,研制国际标准 20 项,完成标准外文版200 项"的目标任务。以上部署为交通运输行业标准国际化发展指明了目标方向,提出具体任务要求。

交通运输标准国际化是中国交通走向世界的必要途径,是交通强国建设的必然要求。交通运输标准国际化发展的根本目的在于支撑国家重大战略、促进经济社会发展、提升交通运输国际影响力三方面。首先,落实国家"一带一路"倡议,以标准"软联通"打造合作"硬机制",通过标准国际化提升中国标准品牌效应,为深化共建"一带一路"、推动中国标准"走出去"提供坚实技术支撑和有力机制保障。其次,通过标准国际化推动国际产能合作,加强各国技术标准协调与互认,促进产业链上下游标准对接,在我国交通运输优势、特色领域中进一步形成新的国际竞争优势,减少和消除贸易壁垒,由国内驱动向国内国际相互促进转变,提升交通运输海外投资和工程建设效益,促进经济增长。最后,充分发挥标准化战略作用,推动我国交通运输优势技术纳入国际标准,推动我国成为国际标准的重要参与者和贡献者,提升国际影响力,支撑加快建设交通强国、构建国家综合立体交通网等交通运输重大战略实施。

1.2　交通运输标准国际化工作范畴

人们在研究和讨论标准国际化相关问题时,常将"国际标准化"与"标准国际化"两个概念相混淆。"国际标准化"是指在国际范围内由众多国家或组织共同参与的标准化活动,旨在研究、制定并推广国际标准,协调各国标准化行动。而本书所述的"标准国际化"则是指以推广本国或本地区标准为主要目的,采取一系列双边或多边标准化策略,使标准满足其他区域要求的国际化活动。国际标准化是标准国际化的重要手段,标准国际化是国际标准化的重要动力。

对于交通运输标准国际化工作范畴,在国家层面,《中华人民共和国标准化法》第八条"关于标准国际化工作"提出"国家积极推动参与国际标准化活动,开展标准化对外合作与交流,参与制定国际标准,结合国情采用国际标准,推进中国标准与国外标准之间的转化运用";国家标准化管理委员会联合网络安全和信息化委员会、科学技术部、工业和信息化部等发布的《"十四五"推动高质量发展的国家标准体系建设规划》(国标委联〔2021〕36 号)提出:"加强对国际标准的跟踪,完善采用国际标准机制,开展国内外标准比对研究和验证分析,推动重点领域先进适用国际标准及时转化为国家标准,提高国际标准转化率。积极参与国际标准制定,完善国内技术对口单位与全国专业标准化技术委员会协调联动机制,为及时转化国际标准提供支撑。"在交通运输行业层面,《交通运输标准化管理办法》提出:"鼓励组织和参与制定国际标准,持续推进交通运输标准的外文翻译和出版工作,加强与世界各国在交通运输标准方面的交流与合作。"《交通运输标准化"十四五"发展规划》中,在交通运输标准国际交流合作方面提出了深化标准国际交流与合作、提升标准国际化水平、夯实标准国际化发展基础三大任务,同时部署了建立国际标准提案库、成体系开展标准外文版翻译、实施标准国际化人才培养计划、建立标准国际交流与合作平台等重点工程。

上述法律法规和制度文件对标准国际化的工作对象和范畴进行明确规定。通过总结相关概念及内容,本书提出了交通运输标准国际化的工作范畴及内容,即:我国在国际范围内开展交通运输技术、产品、服务等活动,涉及与交通运输标准相关的国际化活动、体制机制建设、国际标准制修订、标准外文版翻译、采用国际标准、我国交通运输标准属地化及属地转化、基础保障等内容,共同支撑交通运输国际交流合作的推进发展。

1.3 主要章节内容

全书共包括五章内容,根据章节内容可分为三个部分,主要结构如图 1-3 所示。

第 1 章~第 3 章主要介绍了交通运输行业标准国际化发展背景及相关工作现状,为交通运输标准国际化工作提供了基础支撑。其中,第 1 章绪论,主要介绍了我国交通运输标准国际化发展背景及工作范畴。第 2 章国际标准化发展现状,主要分析了国际及区域标准组织、典型发达国家标准化发展现状,总结了相关国家和区域标准组织开展标准国际化工作的典型经验。第 3 章我国交通运输标准国际化发展现状,从政策制度体系建设、参与国际标准组织工作、国际标准制修订、国际国内标准适用性分析、标准属地化和援外培训等方面介绍了我国交通运输标准国际化工作的基本情况,总结行业标准国际化发展的努力方向。第 4 章标准国际化实践典型经验,分析了交通运输领域标准国际化实践典型案例,介绍了电力、水利、信息技术等领域标准国际化典型做法,总结了可在行业内进一步推广的典型经验;开展了基于改进云模型的交通运输典型案例标准国际化水平评估,提出了标准国际化水平的量化评估指标。第 5 章交通运输标准国际化发展对策建议,探讨了交通运输行业标准国际化发展目标及思路,围绕政策制度体系、国际标准制定、参与国际标准组织工作、标准属地化、标准国际交流合作、工作基础、支撑保障等方面的内容,提出了交通运输标准国际化工作的措施建议。

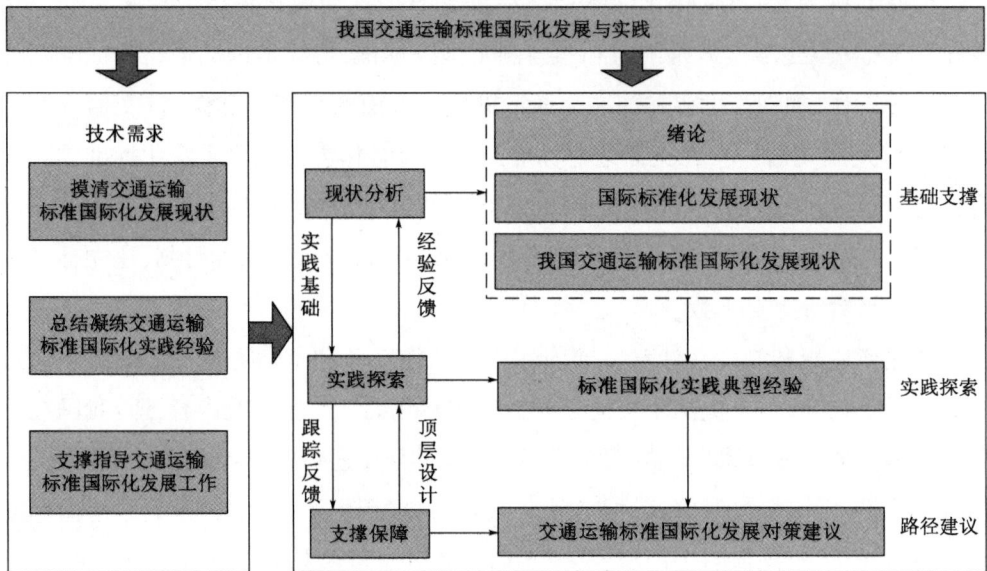

图 1-3　本书研究思路及章节结构图

1.4　本章小结

本章介绍了新时期我国交通运输标准国际化发展面临的新机遇、新挑战与新任务,阐明了交通运输标准国际化工作的含义,提出了交通运输标准国际化工作任务,为交通运输标准国际化工作奠定了基础。

第 2 章

国际标准化发展现状

当前,标准已然成为掌握技术主导权、规则话语权、发展主动权的重要手段。世界主要发达国家积极实施标准化战略,抢占国际标准资源,占据国际竞争优势。本章系统总结国际标准化组织(ISO)、国际电工委员会(IEC)、国际电信联盟(ITU)等国际标准组织,欧盟、东盟等区域标准化组织,以及美国、日本、德国等国外典型发达国家标准化发展现状及趋势,为我国交通运输标准国际化工作提供经验借鉴。

2.1 国际及区域标准组织

国际标准化组织、国际电工委员会和国际电信联盟是目前世界上三个主要的国际标准组织,它们与世界贸易组织(WTO)建立了良好的合作伙伴关系,对全球的经济和市场发展起着极其重要的技术推动作用。此外,随着世界区域经济体的形成,区域标准化工作日趋发展,部分区域已成立标准化组织,如欧洲标准化委员会(CEN)、欧洲电工标准化委员会(CENELEC)、欧洲电信标准化协会(ETSI)、太平洋地区标准大会(PASC)、泛美技术标准委员会(COPANT)、东盟标准与质量咨询委员会(ACCSQ)、非洲地区标准化组织(ARSO)等。

2.1.1 国际标准组织

1)国际标准化组织(ISO)

ISO 是目前世界上最大、最有权威性的国际标准化专门机构,成立于 1947 年。ISO的组织架构如图 2-1 所示。全体大会是 ISO 最高权力机构,ISO 所有成员体、通信成员、注册成员及其他国际组织均可派代表参与,但其中仅成员体享有表决权。

理事会是 ISO 大会闭会期间的常设机构,主要职责包括:讨论决定 ISO 重大工作问题;任命秘书长、政策制定委员会主席等主要职位;选举技术管理局成员;审查通过 ISO中央秘书处财务预决算等。理事会下设主席委员会、理事会常设委员会、顾问组及政策制定委员会。其中,理事会常设委员会主要包括战略和政策常设委员会、财务常设委员会、提名审查常设委员会、监督常设委员会。顾问组包括商业政策顾问组、信息技术顾问组。政策制定委员会包括合格评定委员会、消费者政策委员会和发展中国家事务委员会。截至 2023 年 12 月,ISO 设立技术委员会(TC)、分技术委员会(SC)共 830 个,涉及粮食和农业、化学、建筑施工、可持续环境、信息技术、卫生医药、货运包装等17个主要领域。其中,中国参与TC、SC共753个,成为共6个相关委员会的观察成员,承担TC/SC秘书处职务80个,占所有职位的10%左右。截至2023年12月,ISO已发布25000余项现行标准,其中涉及交通运输领域相关标准约2800余项,与交通运输领域相关的TC及发布标准数量见表2-1。

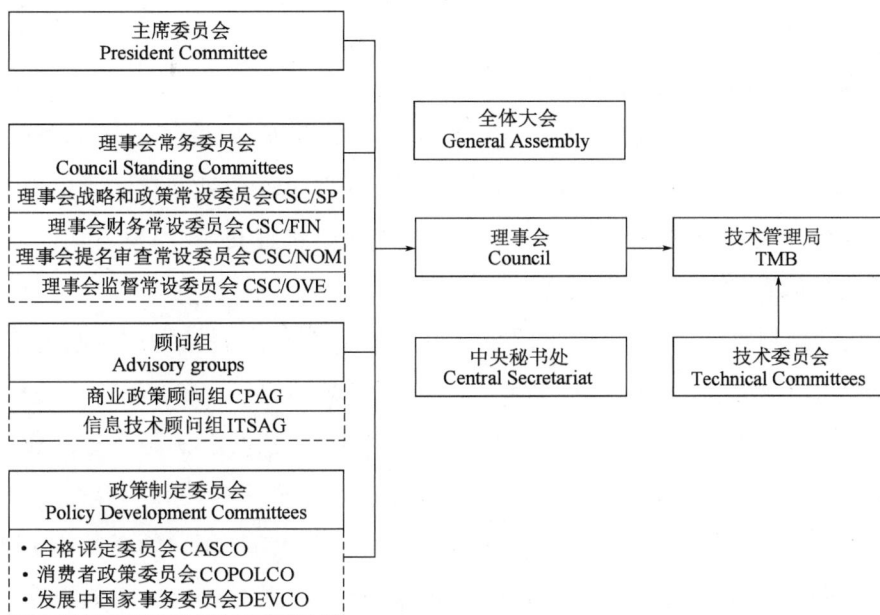

图 2-1 ISO 组织架构

与交通运输相关的 ISO 技术委员会及发布标准数量　　　　　　　　表 2-1

序号	技术委员会(TC)编号	技术委员会(TC)名称	与交通运输相关的标准数量(个)
1	TC8	船舶与海洋技术	433
2	TC20	航空与航天器	679
3	TC22	道路车辆	1007
4	TC51	单元货物搬运用托盘	16
5	TC96	起重机	108
6	TC110	工业车辆	85
7	TC149	自行车	29
8	TC188	小船	96
9	TC104	货运集装箱	40

续上表

序号	技术委员会(TC)编号	技术委员会(TC)名称	与交通运输相关的标准数量(个)
10	TC204	智能交通系统	340
11	TC241	道路交通安全管理系统	4
12	TC269	铁路应用	35
13	TC315	冷链物流	1

注:统计时间截至2024年3月。

ISO的宗旨是在全世界范围内促进标准化工作的开展,以便于国际物资交流和服务,并扩大在知识、科学、技术和经济方面的合作。主要工作包括制定国际标准,协调世界范围的标准化工作,组织各成员国和技术委员会进行情报交流,以及与其他国际组织进行合作,共同研究有关标准化问题。

ISO战略规划每五年修订一次,旨在引领未来五年ISO的发展方向,通过任务规划最终实现"ISO标准无所不在"的最终目标。《ISO战略2021—2030》确定了ISO 2030年的目标为"ISO标准无处不在",具体如下:①标准得到广泛应用,满足全球需要;②制定基于全球共识的标准,倾听所有意见;③标准体系必须促进多样性和包容性。围绕三大目标进一步提出六大重点任务,包括:展示标准的好处、为满足用户的需求而创新、在市场需要时交付ISO标准、抓住国际标准化的未来机遇、加强ISO成员的能力建设、提高ISO体系的包容性和多样性。

2)国际电工委员会(IEC)

IEC成立于1906年,截至2023年12月设立TC和SC共216个,主要负责有关电气工程和电子工程领域中的国际标准化工作。IEC主要管理机构包括理事会(全体大会)、理事局、标准管理局、市场战略局、合格评定局等,IEC组织架构如图2-2所示。其中,理事会是IEC最高权力机构,是IEC国家委员会的全体大会,负责制定IEC政策和战略目标;理事局是组织实施IEC理事会制定的决策的机构;标准管理局负责管理IEC的标准工作,包括建立技术委员会等;市场战略局负责跟踪IEC活动领域的主要技术趋势和市场需求;合格评定局全面负责管理IEC合格评定工作。

截至2023年12月,IEC已发布国际标准11000余项,涉及环境保护、智能制造、医疗保健、城市和社区、运输、网络安全、人工智能、物联网等领域。其中,在交通运输方面,主要集中在电动汽车、海上运输、铁路系统、航空等领域,各领域工作范围及技术委员会情况见表2-2。

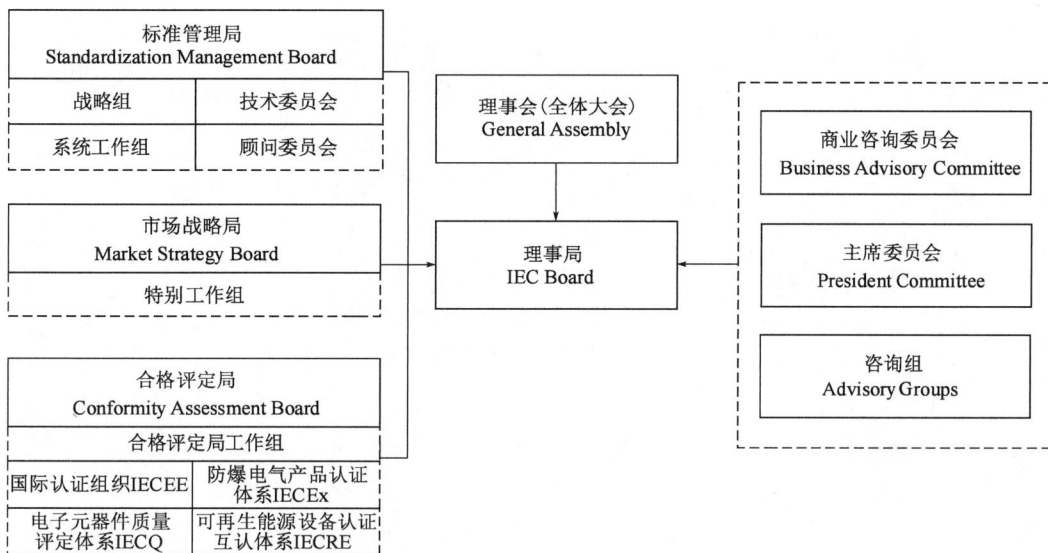

图 2-2 IEC 组织架构

IEC 交通运输相关领域工作范围及技术委员会情况表 表 2-2

领域名称	工作范围	TC 名称	国内技术对口机构（交通运输行业）
电动汽车	支撑整个电动汽车基础设施相关标准，包括充电设施、电池、电磁兼容、车内通信连接、接口和协议等	蓄电池和电池组技术委员会（IEC/TC21）	—
		电动汽车充电接口国际标准工作组（IEC/SC23H）	—
		道路车辆和电动工业用载货车技术委员会（IEC/TC69）	—
		燃料电池技术委员会（IEC/TC105）	—
海上运输	与国际海事组织合作，承担"全球海上遇险和安全系统"（GMDSS）国际标准制定任务，用于提高安全性、提高船只救助效率。还包括电动船只等适应航运的可再生能源系统	船舶电气设备技术委员会（IEC/TC18）	—
		海上导航和无线电通信设备和系统技术委员会（IEC/TC80）	—
铁路系统	包括智能火车、电车和地铁。国际标准涉及电器和电子设备系统安全协同、节能技术、网络安全关键基础设施	轨道交通电气设备与系统技术委员会（IEC/TC9）	SAC/TC278 全国牵引电气设备与系统标准化技术委员会

续上表

领域名称	工作范围	TC 名称	国内技术对口机构（交通运输行业）
航空	支撑新技术发展，包括改进航班信息显示、面部识别、行李跟踪、网络信息安全等	用于机场照明和信号标志的电器装置技术委员会（IEC/TC97）	—
		航空电子过程管理技术委员会（IEC/TC107）	—
可持续电气化交通	涉及汽车、轨道交通、船舶、飞机等重要交通工具的电气化和智能化转型	可持续电气化交通系统委员会（SyC SET）	—

截至 2023 年 6 月，我国参与了 191 个 IEC 的 TC 和 SC，占所有 TC 和 SC 的 89.3%；已承担 15 个 IEC 技术委员会或分技术委员会秘书处工作，参与了 IEC 所有战略白皮书的编制工作，并主导编写了 7 部。从 2012 年至 2021 年，由我国担任 IEC 技术机构主席/副主席从 4 位增加到 16 位；由我国提出并发布的 IEC 国际标准累计从 62 项增长到 368 项，增加了 4.9 倍；我国担任 IEC 技术机构召集人约 160 人，参与 IEC 的专家人数已达到 2710 人，是同时期发起 IEC 新标准提案最多的国家之一。

IEC 的宗旨是促进电气、电子工程领域中标准化及有关问题的国际合作，增进国与国之间的相互了解。目前，IEC 的工作领域已由单纯研究电气设备、电机的名词术语和功率等问题扩展到电子、电力、微电子及其应用、通信、视听、机器人、信息技术、新型医疗器械和核仪表等电工技术的各个方面。2000 年，IEC 发布了首个标准化战略总体规划；2005 年制定《IEC 标准管理局（SMB）2005—2007 标准化战略》；随后，在《IEC 总体规划（2011）》中，IEC 明确了未来一段时间发展的重点目标和任务，从市场、技术、合作、治理和结构、专家和领导、财务及效率等方面进行了规划；《IEC 标准管理局（SMB）2008—2011 标准化战略》中将标准化总体目标确定为"IEC 标准是开启全球贸易的金钥匙"，同时提出"保证制定与市场相结合的 IEC 标准""促进 IEC 标准的全球共识，尽量不做修改""确保利益相关方参与 IEC 工作结构和标准的制定过程""引领制定 IEC 新兴领域的技术标准"等发展目标。

2022 年 8 月 20 日，经第 85 届 IEC 大会审议批准，IEC 国际标准促进中心（南京）（简称"促进中心"）正式成立，成为 IEC 在中国设立的首个分支机构。促进中心主要承担

IEC 计划在中国开展的国际标准化相关工作,是中国参与国际标准化合作的重要平台,也是国际标准化人才成长的重要载体。促进中心将通过定期举办国际标准会议、开展国际标准研究制定与应用推广、加强国际标准人才培养、设立国际标准专家工作室等一系列工作,全面开展国际标准重大战略研究,引领全球重点、热点领域发展方向,推动新能源、新技术、新产业、新业态创新发展;服务更多中国专家、中国企业参与 IEC 工作,为我国企业和专家开展国际标准化研究、项目孵化、标准研制与应用等提供指导和服务,支持制定更多由我国主导的碳排放等领域国际标准;探索和创新国际标准化教育培训体系,大力推进 IEC 各领域深度交流合作。

3)国际电信联盟(ITU)

国际电信联盟(ITU)成立于 1865 年 5 月 17 日,是联合国的一个重要专门机构,负责制定全球电信标准,向发展中国家提供电信援助。国际电信联盟(ITU)的组织结构主要分为电信标准化部门(ITU-T)、无线电通信部门(ITU-R)和电信发展部门(ITU-D),其中电信标准化部门的主要职责是完成 ITU 有关电信标准化的目标,实现全世界的电信标准化,ITU 的组织架构如图 2-3 所示。

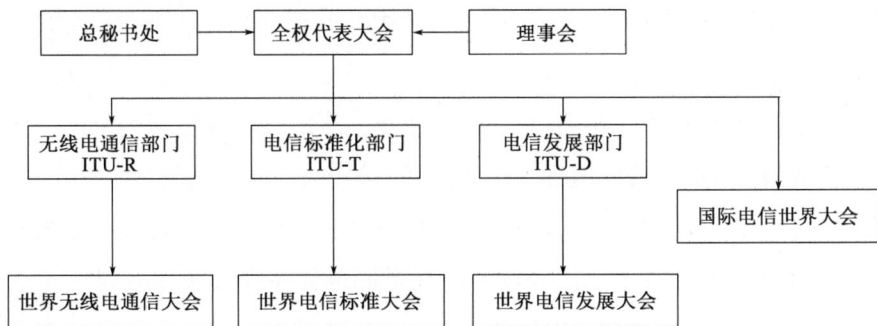

图 2-3 ITU 的组织架构

截至 2023 年 12 月,ITU 全球会员包括 193 个成员国和 900 多个公司、大学、国际和区域组织。ITU-T 的主要产品是规范性建议,即确定电信工作运行和互通方法的标准,其本身不具约束力,但由于标准质量高,而且保证了网络的互连性,使电信服务能够在全世界范围内提供,因此得到了广泛应用。现行的 ITU-T 建议有 5000 余条,涉及的主题从服务定义、网络架构和安全,到拨号调制解调器、Gbit/s 光传输系统,再到下一代网络、未来网络、网络服务、云计算、无处不在的传感器网络、电子健康、气候变化和网际互连协议(IP)等相关问题,涵盖了当今信息通信技术(ICT)的所有基本要素。

2018 年,ITU 通过《国际电信联盟 2020—2023 年战略计划》提出了"致力于促成实现联通世界,且推动信息通信技术在社会、经济和环境可持续发展中发挥重要驱动作用"的愿景,以及"推动并促进对电信/信息通信技术网络、服务和应用的价格可承受的普遍接入,并将其用于社会、经济和在环境方面具有可持续性的增长和发展"的重要使命。

2.1.2　区域标准组织

目前,国际范围内比较有影响力的区域标准化组织主要有欧洲标准化委员会(CEN)、欧洲电工标准化委员会(CENELEC)、欧洲电信标准化协会(ETSI)、太平洋地区标准大会(PASC)、亚洲标准咨询委员会(ASAC)、东盟标准与质量咨询委员会(ACCSQ)等。本节重点选取欧盟及东盟区域标准化组织进行介绍。

1）欧盟标准化组织

欧盟标准化组织体系参与者主要包括欧盟、各成员国、工业界、利益相关方、标准用户等几个方面。CEN、CENELEC 和 ETSI 三大组织是欧盟区域的主要标准组织,与 ISO、IEC 和 ITU 在业务上形成对应关系并保持密切联系。三大组织相互支撑、互为补充。此外,英国标准协会、德国标准化协会、法国标准化协会等欧盟各成员国国家标准化组织也积极参与全球标准化进程,为欧盟标准工作贡献力量。

欧盟的标准化体系与立法、公共政策的实施密切相关,各成员国、标准组织和利益相关方共同构建了以标准和技术法规为核心的技术制度体系及相关运行机制。欧盟标准化组织体系不仅已覆盖了大部分欧洲国家,还和全球大多数主要经济体的标准化体系保持合作。目前,欧盟标准体系主要包括国际层面、欧盟层面、国家层面、工业界、利益相关方和标准用户层面等,它们之间相互关联如图 2-4 所示。

2021 年 2 月,CEN 和 CENELEC 联合发布《CEN-CENELEC 战略 2030》,确定了五大发展目标:一是欧盟和欧洲自由贸易联盟承认并利用欧洲标准化体系的战略价值;二是客户和利益相关方受益于最先进的数字化解决方案,制定满足数字经济需求的标准;三是提高对 CEN 和 CENELEC 标准的使用和认识;四是欧洲标准化工作首选 CEN 和 CENELEC 系统;五是加强国际化领导力,通过强化 ISO 和 IEC 来加强全球外联和提升影响力。

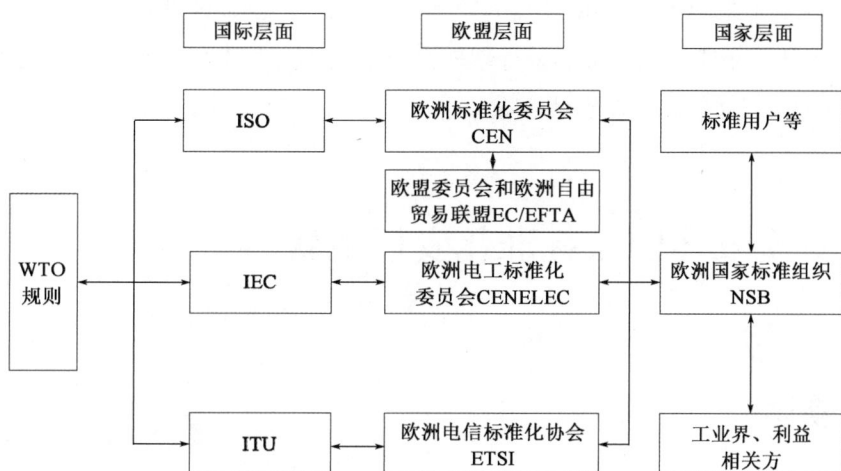

图 2-4　欧盟标准组织体系的主要构成

2）东盟区域标准化组织

1992 年 10 月,东盟各国经济部长在菲律宾马尼拉召开的第 24 次会议上组建了 ACCSQ,负责消除包括标准、质量检测和技术法规等形式在内的非关税壁垒。ACCSQ 包括 WG1——双边互认协定（Mutual Recognition Arrangements, MRAs）及标准工作组、WG2——合格评定工作组、WG3——法定计量工作组。ACCSQ 的愿景是使东盟具有国际公认的、以人为本的、可持续的标准以及技术法规与合格评定程序管理体制,使商品和服务自由流通,确保东盟地区的安全、健康与环保。2014 年 9 月,在缅甸仰光举行的第 42 届 ACCSQ 会议批准了《东盟标准统一准则》。

近年来,东盟各国不断强化标准化在国民经济建设和社会发展中的作用,主要体现在以下方面:

(1)重视国际和区域性标准化发展。新加坡、印度尼西亚、马来西亚、菲律宾等国均为 ISO 和 IEC 成员国,老挝、缅甸、柬埔寨等国已成为 ISO 通信成员。ACCSQ 的建立旨在协调东盟各国标准、质量检测和技术法规方面的分歧。

(2)强化标准化管理机构建设。东盟各国均设立了专门的标准化管理机构,多数国家建立了不同领域的标准化技术委员会,标准化管理体制机制建设较为完善,支撑了标准化工作。

(3)大力开展标准制修订工作。东盟各国不同程度地开展了国家标准制修订工作,标准数量差距较大。多数国家的标准划分为强制性和推荐性,且大部分为推荐性标准,强制性标准占比低,主要集中在安全、环境以及出口竞争等领域。

（4）更侧重于采用国际标准。出于降低标准研究制定成本和加强与国际接轨等方面的考虑，大部分东盟国家标准的采标率较高。缅甸、老挝、柬埔寨等国家的国家标准采标率超过90%；新加坡和菲律宾达到80%左右。

2.2 典型发达国家标准化发展现状

2.2.1 美国

1）美国标准化管理体制

美国国会于1995年通过《国家技术转移和进步法》，从法律上确立了美国私营领域主导、政府参与的标准体系，并要求联邦机构在可能的情况下，重视并增加其对自愿性标准的使用。美国标准体系结构如图2-5所示。

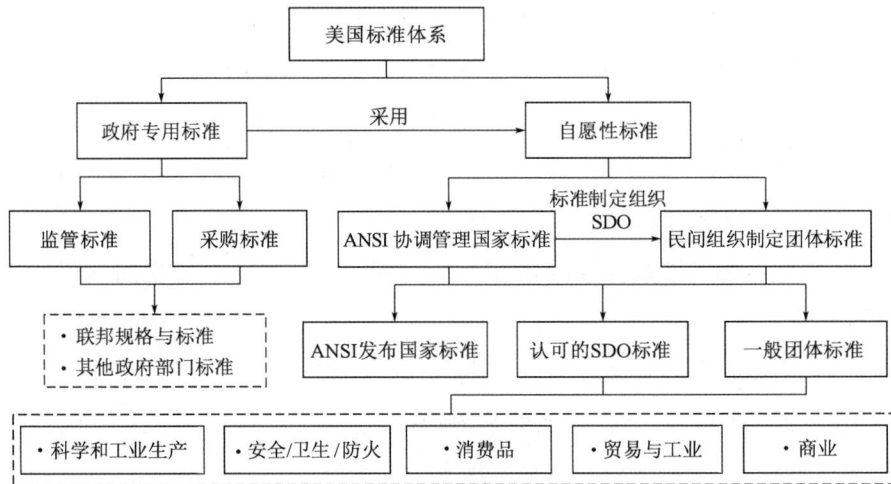

图2-5 美国标准体系结构

美国国家标准技术研究院（NIST）为美国标准化领域唯一的官方机构，代表联邦协调政府机构活动，协调各类组织的标准化工作。美国标准化工作的主体为美国国家标准学会（ANSI），ANSI成立于1918年，是美国私营部门自愿性标准化系统的协调者，发挥联邦政府和民间标准化系统之间的桥梁作用，其主要职能包括协调国内各机构、团体的标准化活动，审核批准美国国家标准等。ANSI也是美国在区域性和非条约国际性标准制定机构——ISO 和 IEC 委员会的官方代表,其任务是确保在 ISO/IEC 所有政策和技术层面代表美国的利益。ANSI 聚焦公共部门和私营部门的利益,研究全美制定和使用标准、参与国际标准制定的原则和战略。

ANSI 设有 ANSI/ISO 理事会,其下设有 ANSI 国际论坛。为深入参与 ISO 工作,该理事会设有不同的技术顾问组,其主要任务是通过 ANSI 对 ISO 政策和技术文件及活动的研究,以通信方式提出美国的观点,包括对 ISO 标准的投票表决、确认、修订和废止等。按照《美国参加 ISO 国际标准活动的程序》,美国所有的 ISO 技术顾问组都必须得到认可,并按照既定的程序开展工作活动。为确保在参与 ISO 事务工作中代表美国利益,ANSI 研究制定了《美国参加 ISO 国际标准活动的程序》,形成了实现这一目标的机制。该程序主要包括两个方面的内容:一是美国参与 ISO 文件处理的程序;二是美国技术顾问组(TAG)的组成与认可。针对 IEC/ANSI 设有美国国家委员会 IEC 理事会,该理事会下设技术管理委员会。另外,ANSI 还设有国际政策委员会。目前,美国在国际标准化活动中已形成了以 ANSI 为主导,政府、协会及企业积极参与的国际标准化活动参与体系及跟踪体系。

2)美国标准国际化发展战略

美国标准国际化工作已与美国标准化战略紧密融合。2021 年 1 月,ANSI 正式发布《美国标准化战略 2020》,提出了 12 项具体战略举措,重点强调了美国以自愿性标准体系为主,在自愿性标准制定过程中继续关注环境、健康、安全和可持续性;在标准制定过程中积极促进国际公认原则在全球范围内的一致应用;努力防止标准及其应用成为美国产品和服务的技术贸易壁垒;加强国际推广工作,增进全球对美国标准的使用和理解。2023 年 5 月,美国白宫发布《美国政府关键和新兴技术国家标准战略》,旨在强化美国技术的基础和保障消费者权益,同时促进美国在国际标准制定方面的领导地位和竞争力的提升。该文件侧重于投资、参与、劳动力、完整性和包容性四个方面,优先考虑关键和新兴技术领域(CET)标准的发展,重点聚焦通信和网络技术、半导体和微电子、人工智能和机器学习、生物技术、定位、导航和授时服务、数字身份基础设施和分布式账本技术、清洁能源生产和储存、量子信息技术。

美国制定了完整的采用和转化国际标准的管理政策,从政策和资金上保证了采用和转化国际标准工作的顺利进行。ANSI 的目标是使美国标准国际化,使代表本国利益的国家标准成为国际标准。为此,美国要在关键技术领域重点承担 ISO 和 IEC 技术秘书处工作,积极参加所有国际标准化活动,努力制定反映美国技术的国际标准。

3）美国标准国际化发展现状

截至 2023 年 12 月，美国参与了 ISO 的 568 个技术委员会或分技术委员会，承担了 ISO 的 94 个秘书处职务，占所有职位总数的约 12%；参与了 IEC 的 173 个 TC/SC，承担了 IEC 的 27 个 TC/SC 秘书处工作以及 IEC 的 28 个 TC/SC 主席职务。美国国家标准与技术研究院（NIST）同其他政府机构和 ANSI 及其成员将参加 ISO、IEC 及其他国际标准组织的重大活动作为工作目标，以避免采用对美国出口构成技术性贸易壁垒的国际标准。NIST 工作人员在国际标准化委员会和国际工业合作组织中代表美国利益，为美国争取在涉及公共利益的重要领域的国际标准话语权，并为此协调本国标准和国际标准的关系。

为了实现这一目标，美国的民间标准化团体也积极参与国际标准化活动，将抢占国际标准组织领导席位作为重要工作目标。一方面，它们往往有几十位至上百位职员参与国际标准制定委员会或分委员会的工作；另一方面，它们制定的标准被国际标准组织及世界许多国家所采用。美国一些民间标准化组织的影响力持续提升，已经引起 ISO、IEC 等国际标准组织的关注。包括美国材料与试验协会（ASTM）在内的许多民间标准化组织，它们所制定的标准被各国所广泛采用，形成了事实上的国际标准，这进一步提升了美国标准国际化的实力，并加快美国标准的国际化进程。

在交通运输标准制定方面，美国在标准化总体运行机制下多数由各协会、团体制定。例如，美国国家公路与运输协会（AASHTO）作为美国交通运输领域的非营利性研究机构，是美国最著名的公路与交通协会，其目标是建立安全的交通系统、在确保机动性的同时促进经济繁荣和环境保护，对于美国国家交通运输法规与政策的制定和颁布有较大话语权。AASHTO 的标准和规范涵盖海陆空交通系统，逐步形成了完备的交通运输标准体系。AASHTO 标准体系与众多欧美区域、国家和协会标准的特点一致，且与其他协会保持非常密切的协作关系［如美国材料与试验协会（ASTM）］。截至 2023 年底，美国交通运输行业在 ISO 中的积极成员（P 成员）数量为 64 个，行业总体参与度高达 91%。

总之，美国作为世界上标准化事业发展较早的国家之一，经过 100 多年的发展，形成了适合本国经济社会发展的标准化管理体制和运行模式。其中包括实施市场驱动原则开放的标准体系和透明的标准制定过程，经授权负责协调政府标准的 NIST 与协调民间标准的 ANSI 的合作，推动公共部门和私营部门共同参与重要标准的制修订，使自愿性标准成为法律体系的重要组成部分，以此形成美国标准化的整体特色。

2.2.2　日本

1）日本标准化管理体制

日本标准化工作体制政府色彩较浓,标准化采取政府主导、民间参与的管理体制,由政府主管的标准化机构主要是日本工业标准委员会(JISC)和农林产品标准委员会(JASC)。受政府认可的民间标准化组织主要是日本标准化协会(JSA),该协会负责开展标准化调查、研究、开发、信息化、教育培训等工作。

多年来,日本积极与国外标准制定机构合作,将具备技术优势的日本工业标准(JIS)作为国际标准的基础。例如,以JISC制定的光催化技术标准、无障碍设计技术标准、机械产品制造过程标准为基础,扩大各相关领域标准化工作的领先优势,积极向ISO提出将JIS采纳为国际标准的提案,争取制定国际标准。此外,日本为了国际标准化活动专门成立了国际标准化活动支持中心,其主要任务是提供关于国际标准化的信息和材料;支持国际标准的制定;提供关于国际标准化的咨询服务,包括发展人力资源,提供培训项目;促进相关人员参与国际标准化活动信息的交流和分享,包括促进标准化双方和多方合作及举行国际标准化论坛等工作。

2）日本标准国际化发展战略

《日本国际标准综合战略(2006)》将加强日本国际标准化活动作为重点,建立适应国际标准化活动的技术标准体系,开展指导JIS与ISO、IEC国际标准的整合化工作,对参加国际标准化会议的团组提供经费支持,将27个行业相关领域的标准作为重点实施追赶战略,以争取世界领先地位。具体战略措施主要包括:转变产业界标准化意识,强化参与国际标准化的机制;加大整个国家参与国标标准化活动的力度;培养国际标准化人才;强化与亚太区域各国合作,为制定公正的国际标准化规则作出贡献。

在国际标准外部环境剧烈变化的前提下,日本将本国标准化战略定位为"赶超竞争";同时提出面向今后很长一段时期的综合战略,其突出特点包括以下五个方面。

(1)以空前的力量争夺国际标准竞争制高点。

由日本首相亲自主持制定日本国家的国际标准综合战略在国际上系首例。进入21世纪,世界主要发达国家和地区以及部分发展中国家,为了满足经济、技术发展的需要,均研究制定了标准化发展战略,但其制定战略的组织和主要成员,大都为国家标准化主管部门和国家标准化机构的相关领导、专家和产业界相关人士。日本为了制定本国的国际标准综合战略,专门在内阁府(国务院)组建以首相为本部长、各个主管大臣和知名专家为成员的战略本部,这种最高级别的组织形式只有在日本进行国家的重大决策时才会采用,此举表明,日本已经开始举全国之力参与国际标准竞争,争夺国际标准制高点。

(2)国际标准综合战略具有高度系统性。

日本的国际标准综合战略体现了将科技开发、标准研制和市场开拓一体化推进的大综合思想,注重与国家知识产权战略、科技发展战略的综合实施。日本的《国家研究开发项目评价指南》规定,对于计划实现国际标准化的科研领域,在从科研项目的立项、研究到成果评价的整个过程中,都要把国际标准化对策作为评价指标,对于通过国际标准的制定有望促进日本产业发展的科研领域,国家要进行战略性的科研资金投入。此外,其国际标准综合战略的高度系统性还体现在以下方面:由国家12个政府管理部门加强协调,共同推进国际标准综合战略,实现政府层面的大联动,建立政府各部门国际标准对策体制,设立政府部门联席会。日本的标准化战略已从过去针对某一个竞争要素的对策逐步发展为综合技术、经济、政治和教育各方面的系统性综合性布局,以国际标准为载体,将各层面的力量融合起来。

(3)既竞争又合作的国家战略关系。

与过去常见的战略相比,日本的国际标准综合战略既试图抢占竞争高地,同时也关注国家间,特别是亚太区域的合作。通过加强与发展中国家标准化机构间的合作关系,以及组织培训、派遣专家、召开研讨会等方式加强技术合作,联合推进有关国际标准项目的开展,通过太平洋地区标准会议(PASC)等区域论坛深化区域标准化合作关系,推进标准国际化发展战略。对于经济全球化、区域一体化的今天,在承认并履行国际标准化活动各项规则的前提下,这种既竞争又合作的思路,是新时期国际竞争的必要条件。日本的国际标准化综合战略在国际标准竞争方面表现出的力度之大、目标之高、措施之强都是空前的,对其他国家标准化发展战略的冲击也将逐渐显现。

(4)提升企业参与国际标准化的能力。

日本除了电器、电子等领域跨国企业积极参与国际标准化活动外,其余大部分企业参与国际标准化活动热情不高。因此日本提出加强产业界的国际标准化意识,强化产业界参与国际标准化的机制,提高企业参与国际标准化的能力。从其战略中可以归纳出提升企业参与能力的5项措施:一是建立政府主管部门领导与企业高层领导直接对话的平台,促进企业领导从思想上重视国际标准化工作;二是要求企业设立专门的标准化机构,对企业标准化人员给予合理的待遇;三是要求企业制定参与国际标准化活动的规划;四是政府对新承担国际标准组织技术秘书处工作、主导制定能够促进国家产业发展的国际标准的企业给予资助;五是培养国际通用型标准化人才。

(5)标准国际化人才培养。

日本积极培养一批熟悉 ISO/IEC 国际标准制定规则并具有专业知识的人才和国际标准化专家,为此要在企业内外打造良好的环境,建立起企业内部和跨行业国际标准推进体制,推动产业界参与国际标准化活动。对于中长期的国际标准化活动,保证同一专家能够长期持续参与。实现 ISO/IEC 国内审议团体和 JIS 标准草案制定团体的一体化推进国际标准和国内标准的对策。在相关领域的日本国内审议委员会之间建立密切的合作关系,形成确保国家利益的体制。

日本要求跨世纪国际通用型标准化人才应满足下述条件:懂技术,包括跨领域技术;掌握专利领域的知识;外语好,社交能力强,有长期从事标准化活动的人脉;具有渊博的知识和丰富的经验。此外,日本的国际标准综合战略提出将技术知识、专利知识、沟通能力、经验和学识纳入对标准化人才评估中,并从集中培养、国际合作、学科建设、激励表彰等方面提出了一系列的措施,有力配合了战略的实施。

3)日本标准国际化发展现状

截至 2023 年 12 月,日本共参与了 733 个 ISO 的技术委员会或分技术委员会,承担了 ISO 的 82 个秘书处职务;参与了 IEC 的 189 个 TC/SC,承担了 IEC 的 24 个 TC/SC 秘书处工作以及 IEC 的 23 个 TC 职务。日本政府高度重视交通运输标准国际化工作,现已形成较为顺畅的国内国际标准互通格局。日本国内标准与国际标准一致性较高,国内标准具有较高技术水平和国际认可度,并在国际标准化工作中发挥着重要作用。目前,日本在汽车和智能交通领域方面已经具备较强的标准化国际影响力,以自动驾驶为例,采取"官民联合"(即政府、企业合作)的基本方针推动自动驾驶技术和产业化工作。在政府层面,国土交通省、警察厅等业务部门负责制定相关基准,经济产业省负责 JIS 的制定。围绕智能驾驶,日本经济产业省和国土交通省分别对接国际标准化组织道路车辆技术委员会(ISO/TC22)、国际标准化组织智能运输系统技术委员会(ISO/TC204)及联合国世界车辆法规协调论坛(UN/WP29),共同开展针对自动驾驶标准化的研究。目前,在 ISO/TC22 中,日本担任 SC32 和 SC38 两个分技术委员会主席;在 ISO/TC204 中,日本担任 WG3 和 WG14 两个工作组主席。

2.2.3 德国

德国标准化发展历史悠久,标准化基础雄厚扎实,建立了一支训练有素、经验丰富的标准化人才队伍,积累了一整套标准化管理经验,形成了行之有效的运行机制和模式,在国际和欧洲标准化活动中也具有举足轻重的地位。

1)德国标准化管理体制

德国实行的是政府授权民间管理的标准化管理体制,政府不过多地直接干预国家整体经济的运行。德国标准化协会(DIN)是非营利性的民间机构,成立于 1917 年。德国联邦政府与 DIN 签署协议,使其成为标准化主管机构,对外代表德国参与国际和欧洲标准化活动,对内负责国内标准化活动。DIN 代表德国参加 ISO 工作,由 DIN 和德国电气工程师协会(VDE)联合组成的德国电工委员会(DKE)代表德国参加 IEC 和 ITU。作为欧盟的一员,德国标准化管理机构与欧盟、国际标准化机构保持着密切的对口关系,在国家标准化组织、欧盟区域标准化组织与国际标准组织之间起到桥梁和纽带作用。德国开展国家、区域及国际等不同层级标准化工作机构如图 2-6 所示。

国家	区域	国际
DIN 主要机构　德国标准化协会	**cen** 欧洲标准化委员会	**ISO** 国际标准化组织
DKE 电气工程领域　德国电工委员会	**CENELEC** 欧盟电工标准化委员会	**IEC** 国际电工委员会
DKE 电信领域　德国电工委员会	**ETSI** 欧洲电信标准化协会	**ITU** 国际电信联盟

图 2-6　德国开展不同层级国际标准化工作的主要机构

截至 2023 年 6 月,由德国主持的欧洲标准化工作机构(TC/SC)占其总数的 1/3。在 ISO 承担的技术委员会(TC)秘书处职务中,由 DIN 负责项目管理的有 11 个大项,包括压力技术、人类工效学、铜及铜合金、光学与摄影、机械设备安全、体育运动及娱乐设备、空气质量、水质、实验室设备、机械紧固件、木质板材等。在 CEN 中，DIN 负责管理的标准化项目有 11 个大项，主要包括机械连接件、机械设备安全、运动器具等。

2）德国标准国际化发展战略

德国标准化战略始终遵循动态开放的原则，根据经济社会发展、技术创新及国家战略的实际需求制定和调整。德国联邦政府同 DIN 签订合作协议，承认 DIN 是德国国家性标准化机构，并授权其代表德国参加国际和欧洲标准化组织活动。2016 年，DIN 在"工业 4.0 标准化路线图"（2013 年）的基础上研究制定了新的标准化战略，强调把标准作为强化德国经济地位的重要工具，并将重点关注数字化、跨行业技术与传统行业技术标准化的协同发展、平衡私有机构标准化与德国、欧盟立法的平衡关系等。德国紧紧抓住标准化工作全球化的机遇，实质性地参与国际标准化活动，推动本国标准上升为区域标准（欧盟标准）和国际标准。

3）德国标准国际化发展现状

DIN 开展标准化活动始终基于两条原则：一是国际标准化活动优先于欧洲标准化活动，二是欧洲标准化活动优先于国内标准化活动。具体包括：

（1）重视国际标准化人才的培养。在 ISO 注册的国际标准编制人员中，德国人员数量仅次于美国。2009 年，德国 Klaus Wucherer 教授出任 IEC 主席，Ernst Peter Ziethen 连任 CEN 副主席。德国国际标准化人才不仅集中在国家政府机构和协会团体，在许多企业中也培养了大量能够参与国际标准化的高级人才，比如西门子公司等。

（2）重视和提高对国际标准的贡献。德国目前已成为对 ISO/IEC 和 CEN/CENELEC 贡献最大的国家之一。截至 2023 年 12 月，德国参与了 ISO 的 759 个 TC/SC，承担了 ISO 的 133 个秘书处职务；参与了 IEC 的 193 个 TC/SC，承担了 IEC 的 38 个 TC/SC 秘书处职务。在电工电子标准化领域，截至 2023 年 6 月，德国电工电子和信息技术委员会（DKE）参与了 IEC 的 190 个 TC/SC，承担了 IEC 的 38 个秘书处职务及 IEC 的 57 个 TC/SC 主席职务。而在 CENELEC 中，由 DKE 承担的技术机构秘书处职务共计 67 个。

（3）重视标准国际双边与多边合作。德国十分重视在国际范围内开展双边和多边标准化合作，在 ISO、IEC、CEN 和 CENELEC 等标准化机构中发挥着重要作用，并对国际和欧洲标准化作出了突出贡献。每年大约有 5 万余名国内外标准化专家在 DIN 总部大楼交流分享经验。近年来，DIN 在促进发展中国家融入标准化行动方面开展了艰苦卓绝的工作。DIN 积极参加了对发展中国家开展的咨询工作和培训。例如，帮助突尼斯标准协会改革基层组织,使其获得接触欧洲、国际标准化行动的更好机会。DIN与韩国技术标准署签署了合作协议,与俄罗斯技术法规与计量署签署了备忘录,与美国国家标准协会(ANSI)建立了稳定的对话机制,与印度标准化协会(BIS)签署了合作协议,以加强标准化合作。

在交通运输领域,德国交通运输标准按照国家标准化管理体制由相关标准化协会、团体负责制定和管理。其中,德国道路交通研究会(FGSV)承担了所有道路设计及运营标准制定工作,尤其注重交通安全、道路与周边环境等方面标准的研究制定。由于德国标准与欧洲标准、国际标准的联系较为紧密,德国现有标准中90%以上都是等同采用欧洲标准或国际标准,因此在交通运输领域,德国标准对欧洲或国际标准的采用程度非常高,同时许多欧洲标准和国际标准(如铁路方面)都是在德国标准的基础上编制而成的。

德国既是世界上最早开展标准化活动的国家之一,也是标准化管理最为规范的国家之一。其标准化管理和运行模式有着许多不同于美国、英国、日本等国家的经验,比如注重标准体系的协调性、重视标准的实施、政府对国家标准化机构的财政支持、注重标准化对经济发展的贡献率、加强在国际标准化领域的积极竞争等,都值得我们认真借鉴。

2.2.4　英国

1)英国标准化管理体制

英国是世界上最早开展标准化活动的国家之一,1901年成立的英国工程标准委员会(ESC)是世界上第一个全国性标准化机构。目前,英国已经形成了"政府机构与民间组织协同合作"的标准化管理体制,依靠市场的力量持续有效地推动英国标准化的发展。英国标准协会(BSI)是英国国家标准化机构,代表英国参与国际和欧洲标准化活动,统一管理标准、认证及检测,组织制定和发布英国国家标准及国际标准,制定完善的标准化发展相关政策。英国政府和BSI十分重视相互合作,采取签约式合作机制,政府为BSI工作开展提供持续稳定的资金支持,BSI为政府公共政策提供标准支撑。

2)英国标准国际化发展战略

长期以来,英国高度重视标准国际化活动,旨在通过标准国际化工作获得最大的贸易便利和经济利益,因此主要方针在于尽量使英国标准(BS标准)与国际和欧洲标准趋同,将国内标准化工作与国际标准化工作密切结合。BSI 是 ISO 和 IEC 的创始成员之一,也是 CEN 和 CENELEC 的重要成员,在国际标准化活动中发挥着重要的作用。作为英国国际标准化活动的主体,BSI 标准国际化工作目标是"制定供全球使用的创新性标准",具体做法包括:①将参加国际标准化活动、承担 ISO 工作职务与采标国际标准的具体政策措施纳入其 0 号标准,固化相关工作模式;②由 BSI 承担的国际标准组织技术机构秘书处职务,要保证其至少有 10 年的任期,以便保持国际标准化工作的连续性;③书面投票表决的国际标准草案,首先应考虑英国采用的可能性,凡是投赞成票的,原则上要采用为 BS 标准;④参加国际标准会议的代表团由 BSI 组织并带队,会议上的发言必须代表英国的观点;⑤从事英国标准化工作的人员同时从事国际标准化工作,应将约 75% 的工作量用于国际标准化工作当中。

3）英国标准国际化发展现状

多年来,英国在国际和欧洲标准化活动中一直十分积极,并在其中发挥着重要作用。截至 2023 年 12 月,英国参与 ISO 的 TC/SC 共 760 个,其中承担秘书处职务数量为 78 个;在 IEC 中,承担的 TC/SC 数量为 171 个,其中承担的秘书处职务数量为 19 个。

英国交通运输基础设施建设水平位于世界前列,得益于其庞大的道路运输系统,英国公路工程标准国际化发展一直处于世界领先位置。总体而言,英国在国际标准组织和欧洲区域标准化组织中具有重要地位,英国标准已在交通运输行业各领域建立起优势。在《道路与桥梁设计手册》等标准制定的过程中,英国与 ISO、IEC 等国际标准组织保持密切技术交流,提高英国标准与欧洲标准的一致性程度和标准先进性;在标准对比和研究等相关工作方面,英国系统引进欧洲规范,并将英国标准体系与欧洲规范密切融合,实现了英国公路工程标准的区域标准化。此外,英国公路工程标准在"一带一路"共建国家应用比较广泛且认可度较高,由于历史原因和现实需要,在 65 个"一带一路"共建国家中,很多国家对 BS 标准的内容更熟悉和认同,沿用或参照 BS 标准制定本国标准。

2.3 经验启示

世界主要发达国家或区域组织虽然在实施本国或区域标准化战略时的做法不尽相同,但实施过程中的成熟经验和模式依然呈现出共性与相似之处。

1）将标准国际化工作放在国家标准化战略的首要位置

世界主要发达国家纷纷将开展标准国际化活动放在优先战略地位，积极加强同国际标准化技术机构的合作，并通过各方努力尽力争取主要国际标准化机构的领导权和决策权。例如，德国标准化协会（DIN）将国际标准化活动与欧洲标准化活动视为开展标准化工作的优先事项。

2）实施国际竞争策略争夺制定国际标准的主导权

欧盟、美国、日本等国家在本国标准化战略指导下，实施不同类型的技术标准国际竞争策略，以控制国际标准的制高点。例如，欧盟实施国际标准"控制"战略，利用成员国众多的优势，充分运用 ISO"一国一票"的规则，在国际标准制定、转化中具有绝对的战略优势；美国凭借其经济实力最大、技术能力最强的超级大国优势，全力争夺国际标准的制高点，实施国际标准"控制、争夺"战略；日本实施"争夺"战略，依靠其经济实力和在部分领域强大的技术能力，积极争夺国际标准的制高点。

3）注重建立区域标准化联盟，增强区域整体影响力

世界主要发达国家普遍认识到，单独一个国家在国际标准化机构中的谈判实力和影响力具有局限性，其影响程度也比较有限。因此部分发达国家注重建立区域标准化联盟，首先推动区域内标准的协调与统一，然后区域内的成员作为一个整体，在国际标准化机构中提出区域性的标准提案，争取赞成票，以增强区域整体在国际标准化技术机构中的谈判实力和影响力。如欧洲标准化委员会努力利用其成员国多的优势，建立起更强大的欧洲标准化体系，形成欧盟成员国协调一致的国际标准提案；日本则试图联合亚洲国家建立亚洲区域标准联盟，从而将日本及亚洲的标准推向世界；美国则尝试与更多国家的政府标准化机构和标准化团体组成联盟，以确保最适合本国的标准化提案被国际标准化机构所采纳。

4）实现标准化政策和科技研发相协调

各国充分认识到科技研发与标准化关系十分密切，采取有力措施促进产业技术创新体系和标准化体系的相互协调，及时满足经济社会和技术创新发展需求。例如，美国规定将科研人员参加标准化活动和标准制定的情况作为业绩考核的主要指标；日本明确提出一体化推进研究开发政策和标准化政策的制定；欧洲各国则对以标准化为目标的研究

开发项目重点给予财政支持。

5）战略实施重点放在与社会生活相关领域

主要发达国家均将信息技术、环境保护、资源循环利用、制造技术和产业基础技术等领域作为技术标准国际竞争策略的重点领域，见表2-3。

主要发达国家技术标准国际竞争策略的重点领域　　　　　　　　　表2-3

国家	重点领域	国家	重点领域
美国	健康、安全、环境、高新技术	德国	信息技术、工业化、自动化
日本	健康、环境、消费者、制造业、信息技术	加拿大	健康、安全、环境

选择上述领域作为重点的依据主要包括：重视公益领域的标准化，这些领域也是ISO、IEC标准化战略的重点；重视先进技术领域的标准化，确保本国先进技术产业的国际竞争力；充分发挥自身优势和特色，争取竞争的有利条件。如德国紧密围绕国家经济社会和技术创新发展的实际需求，在"工业4.0"的国家战略下不断推进本国信息技术、自动化等领域先进技术在国际标准中的体现，寻找竞争空白点，抢占先机。再如日本通过调研发现，欧洲、美国、日本等国家和地区老年人、残疾人比例约占20%，生产满足这类群体需求的产品，会带动数百亿美元的大市场，继而把服务残疾人、老年人等特殊群体的技术标准作为国际标准竞争的重点。

2.4　本章小结

本章分析了ISO、IEC和ITU等国际标准组织，以及欧盟和东盟区域标准化组织发展现状，并分析了美国、日本、德国、英国4个典型发达国家标准化管理体制、标准国际化战略和标准国际化发展现状等，最后从战略定位、竞争策略、合作机制、科研与标准化同步和战略重点5个方面总结了国际组织、部分区域和国家开展标准国际化工作的典型经验，为交通运输行业标准国际化工作提供借鉴。

第3章

CHAPTER 3

我国交通运输标准国际化发展现状

本章从交通运输行业各领域标准国际化发展现状出发,系统梳理相关专业领域标准国际化工作进展,研究提出我国交通运输标准国际化工作存在的主要问题,为我国交通运输行业标准国际化工作提供借鉴。

3.1 政策制度体系建设

2017 年 11 月,中华人民共和国第十二届全国人民代表大会常务委员会第三十次会议修订通过《中华人民共和国标准化法》,首次将国家参与国际标准化工作纳入法律条文,推动标准化对外合作与交流,推进中外标准之间的转化运用,鼓励社会各界广泛参与国际标准化活动,由此拉开了新时期标准国际化工作的序幕。2019 年 5 月 13 日,《交通运输标准化管理办法》正式颁布,提出"鼓励组织和参与制定国际标准,持续推进交通运输标准的外文翻译和出版工作,加强与世界各国在交通运输标准方面的交流与合作"的要求,为交通运输标准国际化政策制度体系的建设提供法治依据。交通运输部和国家标准化管理委员会联合印发的《交通运输标准化体系》作为行业标准化工作的顶层设计,将标准国际化体系作为统筹协调综合交通、铁路、公路、水运、民航和邮政标准化工作的重要方面之一,明确提出交通运输行业要"全面谋划和参与国际标准化战略"。近年来,国家和行业出台了一系列标准国际化发展相关政策制度文件(表 3-1),共同构成了新时期我国交通运输标准国际化政策制度体系,为交通运输标准国际化发展提供明确的布局方向。

国家及交通运输行业标准国际化相关政策制度文件　　　　　　　　表 3-1

序号	文件名称	发布机构	发布时间	主要内容
1	《中华人民共和国标准化法》	中华人民共和国全国人民代表大会常务委员会	2017 年修订	以法律条文形式对国家参与国际标准化活动提出具体要求:"国家积极推动参与国际标准化活动,开展标准化对外合作与交流,参与制定国际标准,结合国情采用国际标准,推进中国标准与国外标准之间的转化运用。国家鼓励企业、社会团体和教育、科研机构等参与国际标准化活动"
2	《交通运输标准化管理办法》	交通运输部	2019 年	鼓励组织和参与制定国际标准,持续推进交通运输标准的外文翻译和出版工作,加强与世界各国在交通运输标准方面的交流与合作
3	《国务院关于印发深化标准化工作改革方案的通知》	国务院	2015 年	提出"提高标准国际化水平"的具体举措和组织实施的不同阶段的阶段性目标

续上表

序号	文件名称	发布机构	发布时间	主要内容
4	《国家标准化体系建设发展规划（2016—2020年）》	国务院办公厅	2015年	提出了标准国际化的发展目标，以及开展标准国际化工程的重点领域和主要任务
5	《交通强国建设纲要》	中共中央、国务院	2019年	积极推动全球交通治理体系建设与变革，促进交通运输政策、规则、制度、技术、标准"引进来"和"走出去"，积极参与交通国际组织事务框架下规则、标准制定修订
6	《国家综合立体交通网规划纲要》	中共中央、国务院	2021年	在"提升治理能力"的主要任务中提到要加强交通国际交流合作，积极参与国际交通组织，推动标准国际互认，提升中国标准的国际化水平
7	《国家标准化发展纲要》	中共中央、国务院	2021年	为未来15年我国标准化发展设定了目标蓝图，将提升标准国际化水平作为重点任务，提出提升标准化对外开放水平
8	《贯彻实施〈国家标准化发展纲要〉行动计划（2024—2025年）》	市场监督管理总局等十八部门	2024年	实施标准国际化跃升工程。拓展国际标准化合作伙伴关系，深化共建"一带一路"标准联通，深度参与国际标准组织治理，积极推动国际标准研制，健全稳步扩大标准制度型开放机制
9	《"十四五"推动高质量发展的国家标准体系建设规划》	国家标准化管理委员会等十部门	2021年	提出"推进国家标准制定的公开性和透明度，积极采用国际标准，提高国家标准与国际标准的一致性程度，支撑形成以国内大循环为主体、国内国际双循环相互促进的新发展格局"
10	《参加国际标准化组织（ISO）和国际电工委员会（IEC）国际标准化活动管理办法》	原国家质量监督检验检疫总局、国家标准化管理委员会	2015年	对参加国际标准化活动工作职责、国内技术对口单位管理、工作程序及要求、经费和奖惩等内容作了明确规定
11	《标准联通共建"一带一路"行动计划（2018—2020年）》	推进"一带一路"建设工作领导小组办公室	2017年	明确到2020年，标准国际化工作在推进"一带一路"建设方面的工作目标

续上表

序号	文件名称	发布机构	发布时间	主要内容
12	《交通运输标准化体系》	交通运输部、国家标准化管理委员会	2017 年	将"标准国际化体系"作为交通运输标准化体系的重要组成部分,提出:"构建交通运输标准国际化体系对于提升行业国际影响力和话语权,支撑我国交通运输产品、技术、装备、服务'走出去',助力'一带一路'建设具有重要作用。标准国际化体系主要包括国际标准制修订、参与国际标准化活动和国内外标准翻译等内容"
13	《交通运输标准化"十四五"发展规划》	交通运输部、国家标准化管理委员会、国家铁路局、中国民用航空局、国家邮政局	2021 年	提出了交通运输标准国际化工作的形势要求、总体思路及基本原则,规定了到2025年标准国际化工作发展目标及重点任务,推进国际标准共建共享,建立了"标准国际化聚力工程"专栏
14	《交通运输部科学技术部关于科技创新驱动加快建设交通强国的意见》	交通运输部、科学技术部	2021 年	加快基础性关键标准研究和应用,推动强制性标准制定与实施,形成支撑产业升级的标准群,支持企业和机构参与或主导国际标准研制
15	《加快建设交通强国五年行动计划(2023—2027 年)》	交通运输部、国家铁路局、中国民用航空局、国家邮政局、中国国家铁路集团有限公司	2023 年	加强标准国际化工作,研制国际标准20项,完成标准外文版200项

综上所述,在国家和交通运输行业的大力推动下,交通运输领域初步形成了自上而下的标准化政策制度体系,从不同层级协同推进行业标准国际化各项工作。党中央、国务院出台的相关政策文件为交通运输标准国际化工作指明了努力方向和实践要求,交通运输部及相关部门发布的一系列制度文件,针对交通运输行业特点,进一步明确标准国际化发展的路径方法,上述法律法规、政策制度文件共同推动我国交通运输标准国际化水平提升。

3.2 参与国际标准组织工作

1)与国际标准组织技术机构对口关系情况

根据《参加国际标准化组织(ISO)和国际电工委员会(IEC)国际标准化活动管理办

法》,交通运输领域有若干国内技术对口单位与 ISO、IEC 技术委员会相对应。截至 2023 年底,交通运输领域共有 12 个标准化委员会的秘书处支撑单位与三大国际标准组织建立了技术对口关系(表 3-2)。

交通运输领域与有关国际标准组织技术机构的对口关系表 表 3-2

序号	国内对口标准化委员会		领域概述	对口国际标准组织及技术机构
	名称及编号	秘书处所在单位		
1	全国轨道交通电气设备与系统标准化技术委员会(SAC/TC278)	中车株洲电力机车研究所有限公司	负责全国轨道交通电气设备与系统领域国家标准制修订工作,覆盖干线铁路和城市轨道交通(包括地铁、有轨电车、无轨电车、全自动运输系统和磁悬浮)领域等	IEC/TC9
2	铁路基础通用及运输设备技术归口单位	中国铁道科学研究院集团有限公司	铁路基础通用机运输设备技术	ISO/TC269
3	动车组、客货车辆机械及机车车辆制动设备技术归口单位	中车青岛四方车辆研究所有限公司	动车组、客货车辆机械及机车车辆制动设备	ISO/TC268/SC2
4	全国集装箱标准化技术委员会(SAC/TC6)	交通运输部水运科学研究院	集装箱工业制造、集装箱运输、集装箱信息化领域的标准化工作,主要包括集装箱箱体制造、集装箱材料和配件以及集装箱运输设备、集装箱运输管理、运输技术、信息等	ISO/TC104
5	全国内河船标准化技术委员会(SAC/TC130)	交通运输部水运科学研究院	内河船舶船型总体性能、舾装、管系、船舶主辅机、电器设备、自动控制、试验与测试、工艺与材料、救生、消防、环保与运输安全及有关管理工程等	ISO/TC8/SC7
6	全国交通工程设施(公路)标准化技术委员会(SAC/TC223)	交通运输部公路科学研究院	负责全国公路交通工程设施等专业领域标准化工作,包含公路工程、桥隧工程、交通工程三个专业	ISO/TC241
7	全国智能运输系统标准化技术委员会(SAC/TC268)	交通运输部公路科学研究院	负责全国智能运输系统标准化的技术归口工作,主要工作范围是:交通管理与控制、交通信息服务、城市交通智能化、营运车辆管理、电子收费与支付、智能驾驶、车路协同、交通通信和信息交换、交通数据管理与信息安全等	ISO/TC204

续上表

序号	国内对口标准化委员会		领域概述	对口国际标准组织及技术机构
	名称及编号	秘书处所在单位		
8	全国航空运输标准化技术委员会（SAC/TC464）	中国民航科学技术研究院	负责航空运输(公共航空运输和通用航空运输)安全、保障和服务,包括航空运输飞行安全、地面安全、航空安保、货运安全、设施与设备、应急救援、空中交通服务、航空电信、航空情报、航空气象、旅客及行李运输、航空货邮运输、通航作业、危险品航空运输、绿色航空飞行和绿色机场等标准化技术归口工作	ISO/TC20/SC9、ISO/TC20/SC17
9	全国港口标准化技术委员会疏浚装备分技术委员会（SAC/TC530/SC1）	中国交通建设股份有限公司	主要负责疏浚专用装备及仪器设备领域国家标准制修订工作	ISO/TC8/WG11
10	全国起重机标委会臂架起重机分技术委员会（SAC/TC227/SC4）	交通运输部水运科学研究院	负责全国臂架起重机专业领域标准化工作	ISO/TC96/SC8
11	全国汽车标准化技术委员会挂车分技术委员会（SAC/TC114/SC13）	交通运输部公路科学研究院	负责全国挂车及汽车列车的连接尺寸及连接件的技术要求和试验方法等专业领域标准化工作	由全国汽车标准化技术委员会统一对口ISO/TC22、IEC TC69
12	全国汽车标准化技术委员会客车分技术委员会（SAC/TC114/SC22）	中国公路车辆机械有限公司	负责全国客车及专用装置的基础标准等专业领域标准化工作	

此外,交通运输行业部分标准化委员会及单位与三大国际标准组织之外的相关国际组织建立了良好的工作联系。邮政业标准化技术委员会对接万国邮政联盟(UPU)开展国际标准化工作;信息通信与导航领域参与了中国卫星导航系统管理办公室组织的中俄卫星导航标准协调小组和国际卫星导航差分信息协议北斗工作组的工作;道路运输标准化技术委员会联合中国物流与采购联合会共同参加国际标准化组织废弃物收集与运输管理技术委员会(ISO/TC297)国内技术工作组工作;交通运输航海安全标准化技术委员会与国际海事组织(IMO)建立业务联系;交通运输航测标准化技术委员会分别参与国际航标协会(IALA)、IMO、国际海道测量组织(IHO)3个国际组织的事务工作;全国公路专用计量器具计量技术委员会与国际法制计量组织(OIML)建立业务联系。

2）承担国际标准组织技术机构情况

交通运输领域已经组建了包含1500余人的标准化专家人才队伍,含铁路、公路、水运、民航和邮政各领域标准化管理人员和专业技术人员,其中专业标准化技术委员会秘书处共有160余人,委员及顾问有1300余人。交通运输行业越发重视国际标准化人才培养工作,研究加强国际标准化人才队伍建设,强化国际标准注册专家的培养、使用和管理。国际标准化人才有力推动我国交通运输领域参与国际标准组织工作事务的程度逐步加深,在承担国际标准组织技术机构、担任领导职务等方面取得了一定成效。截至2023年底,疏浚装备领域担任ISO/TC8/WG11工作组召集人,集装箱领域担任ISO/TC104/SC2/WG6、WG7两个工作组召集人职务。我国专家担任国际铁路联盟(UIC)高速铁路委员会主席。铁路应用领域承担了ISO/TC269机车车辆分委员会(SC2)主席和基础设施分委员会(SC1)轮值秘书处职位,担任TC269下11个工作组、特别工作组秘书处及召集人职务。在铁路牵引电器设备领域,中国承担了11个IEC/TC和SC的秘书处职务,占所有职位的5.7%;承担10个IEC/TC和SC的主席职务,占所有职位的5%。其中,在IEC/TC9现有的45个工作组中,由中国专家担任召集人的有7个,占比16%,位居第3位。我国国际标准化专家在ISO、IEC等国际标准组织中担任主要职务的人数逐渐提升,国际标准化人才队伍不断扩充,但相较于世界发达国家,影响力仍需进一步提升。

3.3 国际标准制修订

截至2023年12月,交通运输领域先后由中国专家主持或参与制定发布国际标准共44项(具体见附录),相关标准涵盖了铁路、航空运输、集装箱、内河船、交通工程设施、智能运输、臂架起重机、疏浚装备等8个领域。近年来,我国在疏浚装备、集装箱、智能运输、臂架起重机等领域国际标准制修订工作中取得了突破。各领域已发布的国际标准制定数量如图3-1所示。

此外,加强国际标准技术储备。交通运输部自2023年起开展交通运输领域国际标准提案项目需求调研征集工作,研究组建国际标准提案库,通过强化国际标准化工作统筹,推动成熟度、可信度较高的国际标准提案申报。

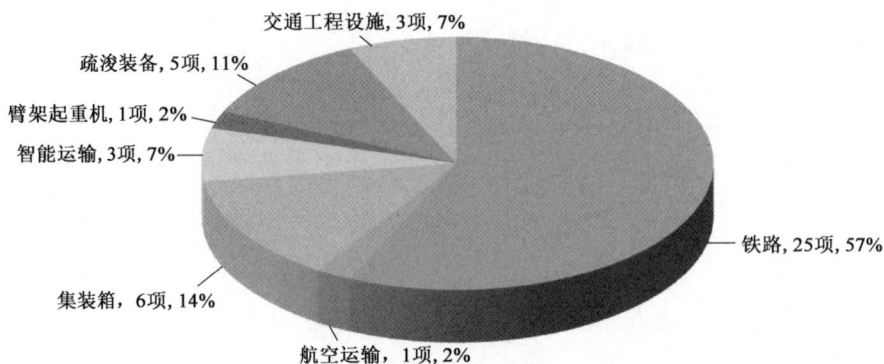

图 3-1　交通运输各领域已发布的国际标准数量及比例

注:此处的国际标准指在 ISO、IEC、ITU 三大国际标准组织制定发布的国际标准。

3.4　国际国内标准比对适用性分析

交通运输行业积极开展中国与国际标准比对研究工作,先后在道路运输车辆、港口信息化、集装箱船舶运输、冷链陆空联运等领域开展中国标准与国际标准的一致性与差异性分析,提出了我国在道路运输车辆、港口信息化、集装箱船舶运输、冷链陆空联运等专业领域完善标准体系、参与制定相关国际标准的具体项目建议。道路运输领域组织开展"国际道路运输标准对接研究""《昆曼公路驾驶员手册》研制""中国与上合组织、东盟国家道路运输装备标准化对接"等国际运输重大项目研究;对标国际制定了《中华人民共和国国际道路运输车辆国籍识别标志》《国际道路货物运输车辆选型技术要求》等相关标准。中国交通建设集团有限公司(简称"中交集团")组织开展公路工程、水运工程等领域标准国内外比对分析,掌握不同国家或地区交通工程建设标准之间的异同,为我国企业开展国际工程业务提供技术支撑。集装箱领域通过开展"集装箱标准化战略研究""集装箱标准体系研究""集装箱国际标准化工作方案研究"等专项研究,积极对标国际标准,在及时采用国际标准的同时主动探索制定新领域的标准,不断填补集装箱标准领域的空白。

目前,我国在道路运输、挂车、汽车维修、智能运输、信息通信及导航、集装箱、臂架起重机、航海安全、内河船等领域均开展了国际标准转化工作,以 ISO 国际标准为主,还包括 IEC、ITU、IMO 制定的标准,国际标准转化工作也逐步趋于常态化。根据交通运输各专业标委会实际等同或修改采用 ISO、IEC、ITU 国际标准的情况,研究团队对交通运输相关领域国际标准转化率进行统计分析,发现目前集装箱、臂架起重机等领域国际标准转化率达到 90% 以上。近年来,国际标准组织加快标准的更新,而由于我国现有标准的制修订周期较长,影响了标准更新速度。例如,我国集装箱、臂架起重机的产品标准多数为等同采用国际标准,但《系列 1 货运集装箱　装卸与栓固》(ISO 3874:2017)、《货物集装箱　机械密封》(ISO 17712:2013)、CTU 规则《货物运输组件装载实操规则》等标准已经更新,而我国对应的标准还未同步修订。基于此,研究团队围绕部分重点领域开展了国际标准转化适用性分析,进一步提出了集装箱、臂架起重机械、智能运输系统等重点领域未来一段时期国际标准转化建议清单。

3.5　标准属地化

截至 2023 年底,交通运输行业组织编译发布标准外文版共计 555 项,涵盖英、法、德、日、俄等多语种。《公路工程技术标准》(JTG B01—2014)、《水运工程施工通则》(JTS 201—2011)、《国际道路货物运输车辆选型技术要求》(JT/T 1208—2018)等交通运输外文版标准发布实施,有力支撑了交通运输工程建设、产品、技术与服务等领域国际交流与合作,推动实现交通运输标准与重点产品、重要技术、重大项目和品牌企业的立体支撑和有机衔接,助力高质量服务共建"一带一路"。

通过海外工程建设项目和合作运营项目,交通运输行业成功推动中国交通运输领域相关技术、产品标准在亚洲、非洲、拉美等区域应用,通过标准带动中国交通运输产品、装备、服务成体系"走出去"。肯尼亚蒙内铁路、埃塞俄比亚 AA 高速公路项目、乌干达坎帕拉—恩德培机场高速公路项目等交通运输工程建设项目中全部采用中国标准设计、施工、试验;我国还帮助巴基斯坦、塞内加尔、南非等国家建立本国公路工程标准体系,积极推进交通运输技术标准、产品标准属地化;非洲亚吉铁路、印尼雅万高速铁路、尼日利亚沿海港口、柬埔寨金港高速公路等"一带一路"重点项目采用中国标准,为标准国际化发展作出中国贡献。

3.6　标准援外培训

截至 2023 年 6 月底,中国已面向东盟、拉美、中非及亚欧等地区 59 个国家的标准化官员举办援外培训班,相关工作进一步加强了中国与"一带一路"共建国家的伙伴关系。交通运输部与行业相关单位、企业及机构积极联合举办或者承办标准化援外培训活动,积极开展与"一带一路"共建国家标准化务实合作,提升我国交通运输标准的国际认可度。交通运输部水运局积极开展非洲法语国家港口管理研修班,研修班由交通运输部协助商务部承办,交通运输部管理干部学院具体负责培训师资及培训内容等工作,邀请交通运输部水运局、交通运输部国际合作司、交通运输部规划研究院及中国港口管理建设领域的专家通过专题讲座、案例教学、交流研讨等形式,讲授交通运输互联互通政策与发展、港口建设规划与投融资管理等内容。交通运输部天津水运工程科学研究院落实科技部"发展中国家技术培训班"项目,举办"发展中国家港口与航道建设技术培训班",来自缅甸、泰国、越南、印尼等7个国家政府部门、科研院所和港口企业的专家及技术人员参加培训,有效拓展交通运输国际科技合作的广度与深度。此外,中交集团积极开展标准化援外培训,与东盟、非洲等"一带一路"共建国家通过技术研讨、技术培训、共建海外培训基地等方式,完成了多项援外培训任务。交通运输部管理干部学院、大连海事大学等高校和研究机构将标准化课程纳入援外培训,为我国与"一带一路"共建国家开展交通领域标准化务实合作,推动标准联通共建"一带一路"奠定了坚实基础。

3.7 存在的主要问题

近年来,我国交通运输行业系统推进标准国际化工作高质量发展,出台了一系列政策制度、顶层规划和实际措施,虽然在总体上行业标准国际化已整体走过"跟随阶段",但与国外发达国家相比,仍然存在一定的差距,在顶层设计、工作机制、发展基础、保障措施等方面需要进一步优化,不断提升标准国际化发展水平。

(1)加强重点领域政策制度体系建设。当前,交通运输行业缺少标准国际化工作的专项顶层设计规划,需要进一步健全和完善行业标准国际化政策制度体系,推动完善交通运输标准国际化工作的战略支撑。

(2)加强国际标准制修订参与程度。当前,我国交通运输行业主导研制的国际标准数量与西方国家存在明显差异。需要进一步聚焦我国交通运输优势特色领域,推动我国先进技术转化为国际标准,引领相关领域国际技术发展方向,填补标准空白。

(3)建立交通运输标准海外推广应用与互认机制。以重点领域标准互认主要方向为基础,以技术成熟性、标准适用性、应用需求性、国际通用性为主要原则,针对不同领域标准海外应用需求,不断推动标准海外应用与国家间标准互认。

(4)加强国际标准化动态跟踪研究。当前交通运输行业标准国际化交流合作平台和科研机构支撑不足,对交通运输各领域标准国际化工作动态、发展方向的跟踪不及时,亟须建立常态化的国际标准动态跟踪、比对研究机制,进一步畅通在标准国际化资源数据管理、信息公共服务和国际标准实施信息反馈等方面的信息获取渠道。

(5)各领域标准国际化工作协同发展。总体来看,交通运输标准国际交流合作的深度和广度不足,工作缺乏系统布局,各领域各专业标准国际化发展不平衡、不充分。在今后的标准国际交流合作过程中,需要进一步明确政府、企业、社会团体、专业标准化技术委员会及科研机构等各方角色分工,形成合力,系统推进交通运输行业标准国际化工作。

(6)推动国际标准化人才队伍建设。目前,交通运输行业标准国际化人才缺乏,人员素质参差不齐,对国际标准规则的掌握程度、专业技术水平、组织协调能力、语言沟通能力等无法满足深度参与国际标准体系治理的需求。需要进一步健全和完善标准国际化人才培养机制,建立标准国际化人才激励机制,支撑深度参与国际标准化治理。

3.8　本章小结

本章系统梳理了我国交通运输标准国际化工作现状,介绍了政策制度体系建设、参与国际标准组织工作、国际标准制修订、国际国内标准适用性分析、标准属地化、标准援外培训等方面交通运输领域标准国际化发展情况。进一步分析总结了未来提升交通运输领域标准国际化水平的努力方向。

第 4 章
CHAPTER 4

标准国际化实践
典型经验

本章系统分析了疏浚、铁路及交通工程等领域标准国际化工作典型案例,分析相关领域开展国际标准制修订、标准属地化等标准国际化工作的典型经验,为行业标准国际化总体水平提升提供经验借鉴。

4.1 交通运输领域标准国际化典型做法

4.1.1 疏浚装备标准国际化工作探索

4.1.1.1 工作背景

大型挖泥船是疏浚工程的核心利器,经过一百多年的发展,我国疏浚装备从引进到跟跑再到领跑,如今已成为世界第一疏浚大国,正在迈入疏浚强国之列,疏浚装备的发展历程主要分为以下几个阶段。

1)瓶颈制约阶段

我国疏浚装备领域起步较晚。1896年,我国从荷兰IHC公司引进了第一艘链斗式挖泥船,标志着我国进入了机械疏浚的时代。20世纪60年代,我国从荷兰引进自航耙吸船"津航浚102"轮。重型挖泥船是疏浚装备的重中之重,而在当时全世界只有荷兰、比利时等少数几个国家掌握重型挖泥船自主设计、建造的核心技术。我国疏浚装备技术及标准发展受到较大制约。

2)初步发展阶段

1973年,我国发出"三年改变港口面貌"的号召,全国兴起了建设港口的热潮,这一时期,我国先后从国外引进各类型挖泥船30余艘,促进了国内挖泥船技术的快速进步。随后,我国提出做好标准化、系列化、通用化工作,并采取了一系列措施使标准化工作得到加强。基于此,交通运输部组织掌握先进技术和拥有丰富施工经验的疏浚业开展行业标准的起草工作,在1977—1981年共发布疏浚装备类标准103项。这段时期为我国疏浚装备标准快速发展时期,发布的标准范围覆盖了当时使用的绝大多数挖泥船船型,然而此时的标准绝大多数都是技术要求类标准,还未形成产品类标准。

3）逐步成熟阶段

进入 21 世纪,我国疏浚装备技术领域得到了快速发展。2004 年,我国建成首座大型绞吸挖泥船"航绞 2001";2006 年建成国内首座配备浅水倒桩-钢桩台车定位技术的"天狮";2009 年建成国内首座采用变频技术的大型绞吸挖泥船"宇大 1 号";2010 年建成亚洲最大自航绞吸挖泥船"天鲸号";2013 年建成首座用于三峡尾急流航段的大型绞吸挖泥船"长狮 9 号";2017 年建成世界最大非自航绞吸挖泥船"新海旭"。2018 年,我国先后完成疏浚领域两项国际标准——《挖泥船　术语》(ISO 8384：2018)、《挖泥船分类》(ISO 8385：2018)的修订,国际标准化工作取得突破性进展。2020 年 1 月,中交疏浚(集团)股份有限公司、中交上海航道局有限公司联合上海交通大学等单位共同完成"海上大型绞吸疏浚装备的自主研发与产业化"科研项目,并荣获国家科学技术进步特等奖。在研制重型挖泥船的过程中,我国疏浚装备技术标准也实现了从无到有,以及从企业标准逐步升级到行业标准、国家标准乃至国际标准的转变。2020 年 1 月,我国编制的三项疏浚监控系统国际标准《绞吸挖泥船疏浚监控系统》(ISO 20661：2020)、《耙吸挖泥船疏浚监控系统》(ISO 20662：2020)和《抓斗挖泥船疏浚监控》(ISO 20663：2020)正式发布实施。以上几项重要国际标准制修订工作的完成,标志着我国疏浚业在国际标准制定中迈出更坚实的一步。

4.1.1.2　工作过程

1）前期积极谋划筹备

2010 年,中交集团提出标准化"走出去"战略。一方面,在全国范围内组织疏浚行业专家召开挖泥船疏浚装备国际标准研讨会,聘请 ISO 秘书处及专家组成员赴挖泥船疏浚施工现场进行考察座谈与交流研讨。另一方面,在全国范围内组织行业专家召开"挖泥船疏浚装备国际标准"研讨会,编制"耙吸、绞吸、抓斗 3 项挖泥船疏浚监控系统"国际标准(草案)。

2014 年 10 月,中交集团派团参加了在巴拿马召开的船舶与海洋技术委员会(ISO/TC8)第 33 次全会,并发表了题为"挖泥船,一个值得关注的领域"的演讲。会议期间,代表团团员主动与各国专家积极沟通,积极宣传制定疏浚技术国际标准的必要性和重要性,以争取各成员国和委员们的支持,为后续提案的提交做好了铺垫工作。最终,大会一致同意将"成立 ISO/TC8/WG11 挖泥船工作组,致力于疏浚船舶标准化"正式写入大会第 307 号决议,由中交集团担任工作组召集人。此举标志着由中交集团牵头开展的挖泥船国际标准制定工作正式拉开帷幕。

2）过程中打下坚实基础

2011 年,中交集团承担并完成疏浚技术 3 项国家标准编制工作,并初步开启了国际标准提案的研究制定工作;2014 年,中交集团组织开展了企业技术标准体系研究编制项目,推动疏浚装备领域国际技术标准体系框架和国内相关技术标准的搜集和统计分析等相关工作,为疏浚装备国际标准提案提供了基本方向;2016 年,中交集团承担了科学技术部"国家质量基础的共性技术研究与应用"重点专项——优势特色领域重要国际标准研究(一期)科研项目:船舶海上设备领域国际标准研究《挖泥船 术语》(ISO 8384)专项研究项目,进一步推动了行业相关领域对挖泥船的类型、功能与配置,以及设计、建造和使用过程的了解,为疏浚装备国际标准制定奠定了技术基础。

3）研制过程紧抓各个节点

在 ISO/TC8 第 33 次全体会议后,中交集团将已提前编写完成的 3 项挖泥船疏浚监控系统国际标准草案(ISO/NP 20661、ISO/NP 20662、ISO/NP 20663)报送国家标准化管理委员会,以提交 ISO 启动编制流程。针对 3 项新标准提案,ISO 于 2015 年 3—5 月完成了新项目提案(NP)投票并通过,3 项挖泥船疏浚监控系统国际标准顺利获得正式立项。2015 年 6 月,WG11 挖泥船工作组在北京召开第一次工作组会议,共同研讨由中交集团起草的三项挖泥船疏浚监控系统国际标准工作草案(WD)。随后,从 2016 年到 2019 年,WG11 挖泥船工作组在中国、俄罗斯、德国、荷兰、上海、新加坡召开了多次工作组会议,持续推动相关国际标准研制,相关过程详见表 4-1。

疏浚装备国际标准制修订工作过程　　　　　　表 4-1

时间	会议名称	会议地点	出席成员	会议内容
2015 年 6 月	WG11 第 1 次工作组会议	中国	中国、荷兰、德国、日本、西班牙,共 30 余位专家	(1)对 3 项国际标准工作草案(WD)进行逐条梳理。 (2)基于合理意见和建议对标准草案进行修改完善
2015 年 10 月	WG11 第 2 次工作组会议	俄罗斯	中国、荷兰、德国、日本、韩国,共 11 位专家	(1)对修改后的 3 项国际标准工作草案(WD)逐条梳理。 (2)向 SC7 第 31 次全会提交 ISO 8384/8385 修订建议书并获得通过

续上表

时间	会议名称	会议地点	出席成员	会议内容
2016 年 8 月	WG11 第 3 次工作组会议	荷兰	中国、荷兰、德国、日本，共 13 位专家	（1）对 3 项国际标准工作草案（WD）进行讨论并定稿。 （2）为 3 项 WD "跳过 CD 投票" 做技术准备。 （3）讨论 4 项修订标准（WD），形成委员会草案（CD）
2016 年 11—12 月	3 项国际标准 ISO 20661/ ISO 20662/ ISO 20663 通过 "跳过 CD 投票" 阶段，顺利进入 "询问阶段"，WG11 随后向 ISO 正式提交 3 项标准的国际标准草案（DIS），即：ISO DIS 20661/ 20662/ 20663			
2016 年 12 月—2017 年 3 月	2 项修订国际标准 ISO 8384/ ISO 8385 完成 CD 阶段投票			
2017 年 6 月	ISO/TC8/SC7 第 32 次全体会议（参加）	德国	SC7 全体成员	（1）对 ISO CD 8384/8385 进行讨论完善，形成国际标准草案（DIS）。 （2）开启 ISO DIS 8384/8385 的 DIS 投票
2017 年 11 月	3 项国际标准 "ISO 20661/ ISO 20662/ ISO 20663" 注册为国际标准草案（DIS），同时两项修订国际标准 ISO 8384/ISO 8385 通过 DIS 投票			
2018 年 1—4 月	3 项国际标准 ISO 20661/ ISO 20662/ ISO 20663 第一轮 DIS 投票结束			
2018 年 4 月	ISO/TC8/SC7 第 33 次全体会议（参加）	英国	SC7 全体成员	（1）根据 ISO FIS 8384/8385 投票结果完善草案。 （2）ISO DIS 8384 提交 DIS 投票。 （3）ISO DIS 8385 进入出版阶段
2018 年 4 月	ISO 8385：2018 发布实施			
2018 年 8 月	ISO 8384：2018 发布实施			
2018 年 9 月	参加 ISO/TC8 第 37 次全体会议（参加）	丹麦	SC7 全体成员	（1）WG11 做年度工作组报告。 （2）提出建立疏浚标准化体系设想
2019 年 4 月	WG11 第 4 次工作组会议	中国	中国、荷兰、德国、挪威，共 20 余位专家、代表	（1）讨论修改 3 项国际标准 DIS 草案。 （2）讨论、研究应对第二轮 DIS 投票的相关技术准备工作。 （3）提出 WG11 工作组后续工作方案
2019 年 9 月	ISO/TC8 第 38 次全体会议（参加） WG11 第 5 次工作组会议	新加坡	SC7 全体成员	（1）WG11 做年度工作组报告。 （2）研讨新工作项目提案。 （3）提出建立疏浚标准化体系方案
2020 年 1 月	ISO 20661、ISO 20662、ISO 20663 发布实施			

4.1.1.3　典型经验

由中交集团牵头开展的疏浚技术国际标准制修订工作,使中交集团、中国疏浚业乃至整个世界疏浚行业都开始收获国际标准化工作所带来的积极成果。中交集团积极推进国际标准的经验主要包括以下几方面。

1)强化与利益相关方标准化技术交流

通过开展实地调研、座谈交流、技术研讨等方式,组织疏浚装备领域利益相关的国内外企业参与疏浚装备标准化技术交流与研讨。通过国际标准化技术机构技术或学术研讨会及各类国际会议,积极宣传我国挖泥船疏浚装备技术,提升国内外疏浚装备领域专家对相关技术的熟悉程度。与代表全球相关行业领域较先进技术水平的行业协会、学会进行积极沟通和技术研讨,以确保在关键技术问题等方面与其他国家或区域市场的技术水平保持基本一致,并进一步争取协会、学会内相关领域技术发达国家对我国国际标准制定工作的支持。

2)推动相关领域标准成体系研究和制定

依托国家重点专项、国家标准制修订项目、企业标准研制项目等多种渠道,开展相关领域标准成体系研究制定工作,推动形成“企业-行业-国家-国际”四位一体的标准格局,为相关领域国际标准制定工作提供技术基础和形成集群效应。

3)掌握国际标准制修订工作阶段性规律

根据多年来各国参与国际标准制定工作的经验与规律,新项目提案(NP)和国际标准草案(DIS)阶段是国际标准制定过程中最为重要的阶段,参与单位应提前做好相关准备工作,包括但不限于:①按照 ISO 组织要求的格式和流程,提前拟定新项目提案;②提前按 ISO 要求的官方语言(英语或法语)拟写标准草案或标准大纲,从而保证在新项目提案(NP)投票时及时提交表决;③在国际标准草案(DIS)阶段,则需要重点关注各成员国在上一轮投票过程中反馈的意见,充分考虑和听取各成员国提出的合理建议,尊重差异,考虑各成员国或各方利益,以确保标准的编制最大限度地符合参与各方的共同利益,必要时可提前与有关专家进行沟通并尽力达成共识。

4.1.2　铁路技术标准“走出去”

近年来,我国铁路技术标准国际化工作不断发展,在 ISO、IEC 等国际标准组织中的贡献率逐步提高,进一步推动了我国铁路工程设计、施工等相关标准的海外推广应用。肯尼亚蒙内铁路、亚吉铁路、安哥拉本格拉铁路、尼日利亚阿卡铁路等工程建设项目相继实施,为我国铁路标准属地化应用提供了重要机会。本节重点以蒙内铁路项目为例,对我国铁路建设系列标准属地化案例进行分析。

4.1.2.1 工作背景

肯尼亚蒙巴萨至内罗毕新建标准轨距铁路(简称"蒙内铁路")是海外首条采用"全中国标准"建设的国际铁路,位于肯尼亚共和国境内,是连接印度洋港口城市蒙巴萨和首都内罗毕的标准轨距铁路,主线全长 471.650km。铁路起点蒙巴萨邻近印度洋西侧,是东非最大的港口之一,终点内罗毕是肯尼亚的政治、经济、文化中心和东非重要的交通枢纽,线路途经 Voi、Mtito Andei、Sultan Hamud 等重要经济中心,是肯尼亚规划建设的一条重要的铁路运输通道,也是东非铁路网的重要组成部分。蒙内铁路为单线铁路,内燃牵引,设计速度为客车为 120km/h、货车为 80km/h,采用中国铁路技术标准设计,实施方式为工程总承包(EPC)形式。

蒙内铁路是落实国家"一带一路"倡议和中非合作论坛约翰内斯堡峰会"十大合作计划"的重要成果。作为东非的一条铁路大动脉,蒙内铁路大大便捷了内罗毕与蒙巴萨之间的人员往来,货物运输时间也由原来的超过 10h 缩短至约 4h,助推肯尼亚成为地区物流中心和制造业中心。蒙内铁路作为东非铁路网的重要组成部分,对促进肯尼亚和东非地区国家经济社会发展、推进东非地区互联互通、加快非洲工业化进程具有重要意义。

受政治历史因素影响,在蒙内铁路项目策划初期,铁路采用的工程建设标准之争就未曾停止。由于长期受英国影响,肯尼亚政府更偏向于采用英国标准修建蒙内铁路。通过我方技术团队与肯方的不断沟通谈判,最终中国铁路建设相关标准获得了肯方的肯定,蒙内铁路采用中国标准终于得以实现。

4.1.2.2 工作过程

蒙内铁路施工单位是中交集团的子公司中国路桥工程有限责任公司(简称"中国路桥"),项目于 2017 年 5 月 31 日正式竣工。在方案设计上,中国路桥作为 EPC 总承包单位,选择了中国路桥内部有丰富设计经验的专业设计单位完成各技术方案的设计、研究、论证,最后由总承包单位完成设计成果的包装、报审,充分发挥了专业设计单位的技术优势和总承包单位的商务优势,确保整个项目顺利推进。

1）前期准备阶段

2009年8月，中国路桥与肯尼亚交通运输部签署了蒙内铁路项目的谅解及合作备忘录，同年，组织设计工作组赴肯尼亚，与肯尼亚方进行技术交流和现场调研。2010年2月，设计团队根据肯尼亚方要求完成肯尼亚蒙内铁路可研文件（第一次送审稿）的编制工作。同年3月至12月，设计团队多次赴肯尼亚沟通设计标准、设计方案等问题。2012年1月，肯尼亚交通运输部铁路局对中国路桥及设计团队共同编制的肯尼亚蒙内铁路可行性研究文件（第二次送审稿）进行了批复，批准采用中国铁路设计标准。2012年5月，根据批准的可行性研究文件（第二次送审稿），在收集了地方经济、城镇、旅游、环保及交通等资料，及开展现场踏勘、测量、勘探等工作后，完成了可行性研究文件报批稿。2013年8月，肯尼亚总统访华，在习近平主席的见证下，中国、肯尼亚两国政府签署了蒙内铁路融资备忘录。2014年5月中肯两国政府签署了蒙内铁路融资协议。2014年12月，该项目正式开始施工。

2）建设实施阶段

在建筑设计方面，蒙内铁路全线共设置45个站，其中9个为客运站，其余为会让站。整个项目的建筑设计单体有三百余个，总建筑面积达10万 m² 以上。

在结构施工方面，全项目开展为期一年的技术督导活动，及时总结经验，有效提升项目技术管理水平。自项目开工以来，通过实施工程首件/段制度提供施工样板标准，为大面积施工提供参考，组织观摩交流，互相借鉴经验，有效提高了相关人员的质量控制意识和质量控制标准。

此外，为切实带动当地建设能力的提高，促进民生发展，中交集团向肯尼亚政府和人民承诺，在项目实施过程中做好当地员工培训和技术转移工作。累计培训当地雇员超过17000人次，培训的主要内容包括检测技能培训、门式起重机技术培训、混凝土施工工艺流程培训、各种专业工种培训等。同时，资助上百名肯尼亚优秀高中毕业生前往中国一流大学进行为期4年（全英文授课）或5年（中文授课）的铁路相关专业本科教育。

3）成果推广阶段

蒙内铁路是我国首个铁路技术标准"走出去"的大型铁路项目，是一条完全采用中国技术、中国标准、中国装备、中国运营管理方法的国际干线铁路。从建设到司机、服务人员培训以及后勤维护、设备供给等，全部由中国独立完成。该项目以中国标准为媒介，加强了我国与国际的互联互通。在项目前期准备阶段的标准研制过程中，对蒙内铁路的设计标准综合考虑了肯尼亚和东非地区的经济发展水平、蒙巴萨港和铁路沿线的经济运量、东非地区铁路网规划、肯尼亚既有米轨铁路的技术标准，以及现代铁路的主要标准和发展方向等，标准中相关设计参数符合肯尼亚经济发展与铁路建设实际。通过一年多的时间，建设团队与肯方围绕采用的标准进行充分研讨和宣传，经过不懈努力最终说服了对方采用中国标准，体现了我国铁路设计、施工标准在世界范围内的技术水平以及对非洲国家国情的适应性。

基于蒙内铁路建设项目，中国路桥以中国铁路建设技术标准为核心，融入当地国情，编制了《肯尼亚蒙内标准轨距铁路设计规范（中英文版）》和《天然火山灰在混凝土中的应用技术规程（中英文版）》，得到了肯尼亚铁路局的大力支持，推动了中国标准"走出去"的进程。

4.1.2.3 典型经验

1）充分开展前期调研，了解项目所在地标准技术发展历史

在项目策划阶段，中国路桥充分利用在当地30多年的商务运作经验和优势，通过多种渠道与业主及相关主管部门深入沟通，充分调研各方需求，明确建设目标和期望。在此基础上，进行详细的现场实地踏勘考察，了解当地的地形地貌、地质情况、水文条件、气候条件、交通状况、建筑材料、政策法规、经济水平等情况，为中国标准属地化奠定基础。

此外，在蒙内铁路标准前期研究阶段，中国路桥广泛调研比对了欧美铁路标准在肯尼亚的应用历史和技术发展史，并同步组织技术专家集中攻关中国铁路标准外文版翻译，对欧美铁路标准和中国铁路标准进行全方位的比对分析，对中国铁路建设效率、技术体系完备性、性价比、运行稳定性等方面进行全面研究，并形成相关技术资料报肯尼亚铁路管理部门审核，最终得到了当地政府部门认可。

2）广泛开展实地调研，准确把握业主核心诉求

项目组建了由铁路技术专家、建设施工团队和标准化专家共同组成的技术团队，围绕蒙内铁路关键技术指标进行研讨和攻关。在策划阶段，技术团队牢牢把控业主需求，对业主模糊的意图和初步构思进行明确，为实现各方共赢的项目目标奠定了良好的基础。蒙内铁路建设前期，由于肯方对铁路修建没有科学的认识和实践经验，一开始就坚持使用双线、电气化方案。设计团队与肯尼亚铁路主管部门进行详尽沟通，从肯方经济效益、电力供应稳定性等多方面充分展开研究分析，向肯方提交了10多份对比分析报告

及相关论证材料,最终确定了采用内燃牵引技术方案及相关标准。在坚持最适合肯尼亚的技术标准的同时,设计团队也为蒙内铁路的发展预留了充足的条件。一旦条件成熟,蒙内铁路可以迅速升级为无缝线路铁路、双线铁路和电气化铁路。

3)实施标准比对分析,把握标准推广应用重点

目前,国际上高效经济且成熟、影响力较大的现代化铁路标准,如英国、法国、德国、美国、日本、中国等各有优势,但在轨距等基本技术参数方面存在较大差异,在国际上并未形成完全统一的铁路技术标准。为此,项目团队开展了中国铁路工程标准与国际铁路标准的比对分析,从标准体系结构、设计理论方法、设计参数选取和实地运行条件等多方面,开展中外标准比对分析。在此基础上,项目团队还充分考虑了肯方已建成铁路相关技术参数,在我国铁路标准海外推广应用过程中对相关技术指标进行协同优化调整,以保证与既有铁路之间的协调性,提高我国铁路标准推广应用和属地化的适用性。

4.1.3 公路建设及运营服务标准属地化

近年来,埃塞俄比亚 AA 高速公路、乌干达坎帕拉—恩德培机场高速公路、莫桑比克马普托大桥及连接线项目、柬埔寨金港高速公路等交通工程援外项目快速推进,使我国交通运输标准得以进一步走向非洲、东南亚等相关国家和地区,为交通工程建设及运营服务标准在项目所在国开展应用并实现标准互认提供较大便利。本节重点以莫桑比克马普托大桥项目及柬埔寨金港高速公路为例,对我国交通工程建设及运营服务标准属地化相关案例进行分析。

4.1.3.1 案例一:我国桥梁建设标准助力莫桑比克马普托大桥建设

1)工作背景

马普托大桥及连接线项目为莫桑比克首都马普托市的主要干线公路,采用我国国内二级主干道标准建设,设计速度为 80km/h,总长 181.7km,采用设计、采购、施工 EPC 模式建造。项目全线由北接线、马普托大桥、S1 线、S2 线和 S3 线等部分组成。其中,横跨马普托湾的马普托大桥全长超过 3km,主跨长达 680m,是非洲技术领先的悬索桥。马普托大桥是莫桑比克纵贯南北、连接南非的交通主干道,极大地便利了马普托湾两岸交通。

莫桑比克政府为便于项目的建造管理,成立了专门的马普托南部发展公司(EDMS)作为项目的业主方;项目总承包方为中国路桥,设计分包商、施工分包商、钢结构加工商及咨询方均为中国企业。此外,业主先后聘请了葡萄牙 BETA 公司、美国 BECHTEL 公司和丹麦 COWI 公司作为业主咨询方,并聘请了德国 GUAFF 公司和津巴布韦 CPG 公司作为监理方。合同签署后,经过与业主谈判,大桥结构采用中国标准设计、欧洲规范验算的模式,采用中国标准施工。

2)工作过程

项目于 2014 年 6 月动工,经过业主、咨询、设计、施工、监控、试验和监理等多个单位的良好协作与配合,克服了一系列困难,最终于 2018 年 10 月完工,并于同年 11 月全部移交给业主,获得业主接收。由于技术发展历史、地质气候环境和文化思维模式等方面的差异,我国桥梁工程项目与莫桑比克桥梁工程建设项目在勘察设计、建设施工、质量控制和检查验收等方面存在诸多差异。因此,在项目实施前期,项目建设团队组织专业技术人员多次实地勘察地质、水文情况,研究分析国内外相关技术标准及参数要求,并以中国相关标准为蓝本,结合当地实际情况形成了成套的《马普托大桥技术规程》,其中包括图纸 2500 余张,总字数达 3.4 万字。该技术规程填补了当地规范的空白,为莫桑比克工程技术升级换代提供了指引。项目中的桥梁结构、涵洞、道路等按照中国标准设计,桥梁主体结构设计均顺利通过了欧洲标准的验算,交通及安全工程按照南部非洲规范设计。电气及照明、景观工程参照中国标准设计,并符合相关国际标准规范。由于莫桑比克当地低压变压器的标准输入电压为 11kV,而中国为 10kV,因此在电气工程设计过程中由中国电气设计师进行了相应调整,增强标准外文版的适用性。通过采用中国标准设计,项目绝大多数的钢材、机械设备、电气设备、施工机具均由国内出口,有效地带动了我国建筑材料和相关设备的国际化。

由于马普托大桥项目采用中国标准进行设计,采用欧洲标准进行验算,相关设计文件均需要得到监理和业主的批复,在此过程中,由于中国设计工程师对欧洲标准的熟悉度不高,而国外的监理和业主对中国标准不熟悉或者没有建立充分的信任,在工作过程中显现出中外思维方式、文化的差异和语言沟通的障碍。项目监理是一向以严谨著称的德国监理公司 GAUFF,GAUFF 对大桥设计提出了更为严格的要求,也是中国标准"走出去"面对欧洲标准的真正考验。在项目施工到引桥上部结构的 T 形梁预制阶段时,GAUFF 质量工程师们在 T 形梁预应力张拉工序上与我国工程师产生了分歧。这道工序的关键控制要素是钢绞线的理论伸长量。根据我国相关标准计算给出的理论伸长量与

GAUFF 质量工程师的验算结果出现了 3cm 的误差，在经过几次核算后始终无法消除。在此情况下，设计团队和 GAUFF 团队合作，对中国规范和欧洲规范的计算方法进行对比，对施工工艺进行检查，最终发现双方使用的规范对钢绞线放张后锚具自身楔紧内缩这一施工细节的理解和处理有差异，而这就是计算结果误差的根源所在。经过反复沟通，最终 GAUFF 监理团队认可了中国规范的计算方法，设计团队也调整了初张拉的应力值，使现场实际施工中对伸长量更好把控。正是通过一次次与监理和业主的深入沟通交流，使得原本不了解、不熟悉中国规范的业主们、监理们逐步改变了观念。最终，采用中国标准编制的马普托大桥设计文件，结构设计安全性通过了欧洲监理和业主聘请的多家国际咨询公司层层审核并获得批复。

项目设计团队与业主、监理团队共同商议，切实落实"中非十大合作计划"，项目以"建一个工程，培养一批国际人才"为理念，邀请国内、欧洲、南非技术专家做演讲，把项目作为平台，为青年工程师们提供学习机会，同时多次邀请莫桑比克、南非、纳米比亚、津巴布韦等南部非洲国家以及德国、希腊、波兰、奥地利等欧洲国家的土木工程类大学生来施工现场进行实习考察，真正将大桥项目搭建为多元化项目实践平台。同时，也通过学习交流，逐步让当地青年工程师们理解、认可中国规范。

在大桥建设过程中，中方业主、监理团队组成技术团队赴南非、德国等国家参加全球性大型技术交流会议，以"开放包容、互学互鉴"的丝路精神，把项目作为载体，向全世界介绍推广中国设计施工标准与技术，有效彰显了"中国建造"强大的实力。

3）典型经验

（1）统一标准，推动建设施工过程标准化实施。

马普托大桥项目通过先期调研和科研攻关，在项目实施前期便推动制定了项目统一执行的技术标准，有效规避了国外监理和业主对中国标准不熟悉、中外标准本身差异、当地施工人员习惯等因素可能导致的系列问题，推动了建设施工过程标准化实施，从而间接提高了施工质量和施工效率，同时也加强了我国先进技术标准和相关产品在海外的应用与推广。

（2）同步翻译，推动标准外文版的适应性转化。

目前，中国交通工程建设相关标准已发布出版了一批标准外文版，但由于中国标准种类繁多，标准升级换代频次快，仍有大量的设计、施工、材料、试验类标准未完成翻译或外文版未进行及时修订，对在海外工程项目中应用中国标准带来一定阻碍。例如，马普托大桥项目施工过程中需要开展大量的试验工作，而支撑有关试验的标准，如《基桩静载

试验 自平衡法》（JT/T 738—2009）、《公路桥梁荷载试验规程》（JTG/T J21-01—2015）以及桥梁结构中使用的钢结构材料、结构涂装防腐等标准均无英文翻译版。在项目执行过程中，为了做好和当地技术人员关于相关技术标准的沟通交流工作，项目安排了专业翻译人员对标准条文进行翻译和校对，不仅增加了成本，也造成了时间上的延误。因此，需要建立重点标准中外文版同步研究制定机制，推动交通工程建设标准成体系翻译，提升标准外文版翻译质量与时效性，进一步促进我国交通工程建设标准在海外国家开展应用并实现标准互认。同时，进一步基于项目所在国家的国情、应用场景及应用条件，在标准翻译过程中对部分相关条款进行适应性调整和修改，从而提升标准外文版的适用性。

（3）标准比对，推动关键技术指标的科学转化。

针对标准翻译和应用过程中的关键技术问题，先期开展标准比对研究工作，推动关键技术指标要求科学、合理转化。在标准海外推广过程中，可充分利用标准应用和实施经验丰富的第三方开展标准咨询及相关调研工作，获取工程建设项目标准化实施经验，推动提升相关标准属地化的适用性。

4.1.3.2 案例二：我国公路建设及运营服务标准在柬埔寨金港高速公路项目实施应用

1）工作背景

近年来，交通运输部深入贯彻落实"一带一路"倡议，积极推动与"一带一路"共建国家交通运输领域标准化合作。东盟国家因地理位置、双边及多边交流现状、周边政治环境等因素，在"一带一路"共建国家中具有特殊地位，也是中国最重要的区域经济伙伴。2002年以来，依托交通部长会议机制，中国与东盟国家在交通运输领域深入合作。在此机制下，交通运输部积极推动与东盟交通运输领域的标准化合作，为技术标准规范的对接交流提供了对话基础。

柬埔寨作为东盟成员国之一，长期以来同中国保持良好的政治关系，合作领域广泛。2016年，柬埔寨与我国签署了标准化合作协议。在交通运输领域，近年来中国企业先后承建了柬埔寨3号公路、7号公路、51号公路、金边—巴域高速公路等多个公路工程项目，在工程建设过程中实现了以公路工程为主的中国交通运输标准海外应用。金港高速公路是柬埔寨第一条高速公路，是中柬在"一带一路"框架下高质量合作的重点项目。该项目由中方企业采用建设-运营-移交（BOT）方式运作。柬埔寨金港高速公路连接柬埔寨首都金边和最大深水海港西哈努克港（西港），采用中国设计及质量标准，全长187.05km。

2）工作过程

为提升我国交通运输标准的国际认可度，成体系、分步骤推动交通运输标准海外实施应用，交通运输部科学研究院联合中交集团、中国路桥、中交基础设施养护集团有限公司3家单位开展了中柬交通运输重点领域标准对比分析。依托中国企业承建的金港高速公路项目，经过充分调研和海外工程实践，对近1600项交通运输行业标准进行系统梳理，重点针对400余项公路建设、运营服务领域标准与柬埔寨标准进行比对分析研究，从标准体系框架差异、标准结构框架差异、标准技术内容及特点差异等方面进行了比对，提出柬埔寨应用我国公路建设、运营服务等重点领域标准建议清单。进一步考虑金港高速公路通车后运营管理标准化需求，项目组以4项中国交通运输标准为基础，编制形成了柬埔寨《高速公路运营安全应急管理技术要求》及《高速公路机电系统运营维护技术指南》2项柬埔寨标准草案，其主要技术内容纳入了柬埔寨金港高速公路运营维护计划与应急计划中。以中国工程建设和运营服务标准为蓝本编制的柬埔寨金港高速公路运营维护与应急标准在金港高速全线实施。2023年1月，柬埔寨公共工程与运输部向柬埔寨金港高速公路有限公司致函，两项计划文本得到了柬埔寨公共工程与运输部的批准认可，我国交通运输标准通过海外项目逐步推动标准海外实施应用，相关标准将进一步推广至中国路桥工程有限责任公司承建的柬埔寨第二条高速公路——金边—巴域高速公路中。

3）典型经验

我国交通运输标准在柬埔寨实施应用的研究与实践，为推动我国交通运输标准在"一带一路"共建国家推广应用与属地化提供了经验借鉴与参考范式。通过海外项目开展交通运输标准在海外国家的推广应用，应科学分析项目国家标准化发展情况、交通运输发展程度、交通运输标准体系建设等特点，从交通运输企业层面推进标准交流合作，寻求采用多种路径不断探索。例如，在海外项目实施过程中，瞄准项目国家交通运输标准缺口及需求，推动我国交通运输相关领域标准在工程中得到认可并得以应用，进而推动标准外文版翻译与适应性转化，使之以"项目手册""技术指南"等形式成为项目所在国家的事实标准；或以单独一本中国标准或一系列中国标准为基础，集中针对项目国家需求较大的方向领域进行筛选、修改、完善，进一步整合为当地标准或事实标准，提升中国标准在海外国家应用的实用性与可操作性。

4.2　其他领域标准国际化典型做法

研究团队重点跟踪调研了电力、水利及信息技术等领域开展标准国际化工作的情况。围绕国际标准化治理、开展国际标准研制、国际标准化人才培养、国际标准化支撑保障体系构建等方面,进一步总结相关领域标准国际化典型实践经验。

4.2.1　电力技术领域

1）参与 IEC 战略及相关文件制定

近年来,电力行业依托自身技术优势,积极参与国际标准化治理相关工作,持续提升我国在 IEC 等国际标准组织中的贡献度,在参与战略规划制定、成立 IEC 技术委员会等方面取得了一系列成果。

通过积极参与 IEC 战略工作组,主导编写了《大容量可再生能源接入电网与电能存储应用》《智慧城市》《全球能源互联网》《物联网之无线传感器网络》等多项 IEC 白皮书和研究报告,通过参与 IEC 战略层面工作,大力宣传我国在特高压、智能电网等领域的成就,推动将我国的研究成果写入 IEC 发展路线图,为后续牵头成立新的 TC 或 SC,以及牵头开发 IEC 标准奠定坚实基础。2012 年,中国电力科学研究院以牵头编制 IEC 白皮书《大容量可再生能源接入电网与电能存储应用》为契机,在 IEC 发起成立"可再生能源接入电网技术委员会"提案,最终促成"可再生能源接入电网分技术委员会"(IEC/SC8A)于 2013 年正式成立,由该院承担秘书处工作。

依托技术优势,精确瞄准国际标准化工作空白点。电力行业依托特高压直流输电技术优势,通过深度参与国际标准化工作,准确把握该技术领域国际标准化需求,2008年在 IEC 自主提出成立 IEC/TC115"100kV 及以上高压直流输电技术委员会"并获批,该技术委员会成为我国第一个自主发起提案、推动成立并承担秘书处工作的 IEC 技术委员会。

2）开展国际标准研制

电力行业充分利用在 ISO、IEC 等国际标准组织中担任重要职位与国内技术对口单位等资源优势,通过深度参与标准国际化工作,促进国际标准立项研究与制定发布。自2008年推动成立IEC/TC115以来,为中国在电力领域的技术创新和实践成果向国际标准转化提供了渠道途径,在TC115已发布10项IEC标准中,其中7项是由中国专家牵头制修订的。此外,电力领域十分重视对国际标准提案的审核与过程管理。中国电力科学研究院制定《国际组织与国际标准工作管理办法》,明确各部门(单位)国际标准提案的提交流程与要求,并组织专家对标准提案材料进行审核与完善,提高标准提案投票通过的可能性。

通过牵头制定电力领域国际标准,进一步提升中国电力行业国际影响力及相关企业的国际竞争力,带动行业优势技术向海外输出,提升国际话语权。例如,在巴西美丽山的水电特高压直流输电Ⅰ、Ⅱ期工程的国际竞标中,中国电力科学研究院牵头编制的IEC标准《高压直流换流站可听噪声》(IEC/TS 61973:2012)成为中国企业的重要加分项,从而帮助该院赢得了最终竞标。该院通过主导国际标准制定产生巨大经济效益,该工程成为中国首批海外中标特高压直流输电工程的成功案例。

3)国际标准化人才培养

电力行业积极利用国际标准化技术机构或其他联合国组织的青年人才培养项目,拓宽人才培养渠道。一方面,密切跟踪ISO、IEC、ITU及联合国教科文组织(UNESCO)等国际组织下设的青年专家新项目、青年专家研讨会、青年专家奖项、青年技术官员等行动,有计划、有组织地开展青年标准化专家选培活动。另一方面,落实国家对国际标准化人才的相关政策部署,按照相关要求组织中国国际标准化青年英才选培、国际标准化组织人员选聘、职业技能等级证书项目等。

同时,在本领域内制定国际标准化人才培养方案,激发了人才积极主动性。针对本领域标准化人才开展常态化培训工作,培训内容涉及标准国际化工作规则、实用英语和商务英语、国际业务等,积极选拔专家参加国际相关培训与交流活动,截至2022年12月已有200余人参加了国际标准化工作,多人在IEC技术机构担任重要职位。

4.2.2 水利技术领域

1)加快推进优势特色技术纳入国际标准体系

在联合国2030年可持续发展目标框架下,水利行业瞄准小水电技术领域,利用其规模小、投资少、环境影响可控等优点,分析发展中国家小水电技术标准的需求,自2017年初开始,在水利部大力支持下,由国际小水电中心具体执行推进小水电国际标准编制,充分发挥其作为国际小水电组织(国际小水电联合会)、联合国工业发展组织国际小水电中心总部的国际平台优势,高质量逐步推进中国标准国际化进程。

2019年4月26日,水利部、国家标准委与联合国工业发展组织在北京共同签署了《关于协同推进小水电国际标准的合作谅解备忘录》,为进一步完善小水电国际标准体系以及各部分的技术内容,加快推进小水电技术导则纳入ISO标准体系提供了政策保障。2019年4月25—27日,中国在北京主办第二届"一带一路"国际合作高峰论坛,"小水电国际标准编制"作为"一带一路"倡议下国际合作的重要成果,列入第二届"一带一路"国际合作高峰论坛成果清单中。2019年11月3日,联合国工业发展组织发布了与国际小水电联合会共同编制的《小水电技术导则》(英文版)全文。2019年、2020年,国际标准化组织IWA33国际研讨会举行,来自29个国家和8个国际/地区组织的127名专家和代表与会,会议听取、讨论并逐条修改了《小水电技术导则》相关条款,并建议提请ISO考虑成立小水电技术委员会。2019年12月10日,ISO正式发布了《小水电技术导则　第1部分:术语》(ISO/IWA33-1)和《小水电技术导则　第2部分:选点规划》(ISO/IWA33-2)。2021年3月16日,ISO正式发布《小水电技术导则　第3部分:设计原则与要求》(ISO/IWA33-3)。《小水电技术导则》(IWA33)是中国制定的第一份ISO/IWA标准,为中国相关行业优势特色技术快速制定国际标准、融入国际标准体系提供了经验借鉴。

在IWA33研讨会后,2021年6月,中国国家标准化管理委员会向国际标准化组织技术管理局(ISO/TMB)提交了关于申请成立ISO/TC339的中国提案。经过各方共同努力和多次技术质询答辩,2022年5月,ISO/TMB第42号决议正式通过了成立国际标准化组织小水电技术委员会(ISO/TC339 Small Hydropower Plants)的提案,并由中国承担秘书处职务。

2)加强国际标准化工作支撑保障

目前,水利行业中对于标准国际化工作的激励政策主要包括鼓励采用国际标准、提升采标率,鼓励我国水利行业优势及特色技术创立、发布国际通用版本技术标准,积极创造参与国际标准竞争的有利条件等。近年来,为推进水利技术标准国际化工作,水利部国际合作与科技司组织开展了标准英文体系规划的顶层设计,具体落实了水利技术标准翻译工作;制定了相关国际化工作管理办法,系统引导我国水利技术标准国际化工作不断推进。同时,水利行业不断加大标准国际化正向激励,引导行业整体强化投入,对主导成立本领域国际标准技术组织的单位或机构提供一定工作经费,对牵头制定发布国际标准给予效益奖励,提升行业国际标准化工作积极性。

此外,进一步统筹整合行业资源优势,深化资源共建共享,搭建标准国际合作交流平台,集中力量推动标准国际化工作开展。水利部依托长江水利委员会成立水利标准国际化与流域管理标准化管理研究中心,建设水利标准国际化信息平台,深化资源共建共享。此外,依托中国水利水电科学研究院、南京水利科学研究院等行业科研机构、学会协会,共同推动国际标准研发、国内标准翻译等工作。

4.2.3 信息技术领域

1)国际标准组织技术机构组建

信息技术领域持续跟踪本领域国际标准化前沿,在国际标准组织中积极孵化专业技术机构,着重围绕"脑机接口"专业方向充分调研国际标准化需求。2022年3月,中国电子技术标准化研究院牵头成立了信息技术委员会脑机接口分技术委员会(ISO/IEC JTC1/SC43),并承担秘书处及主席职务。此外,指导建立无人机系统协调咨询组(ISO/IEC JTC1/AG19)、用户界面分技术委员会情感计算工作组(SC35/WG10)等。与此同时,持续促进国际国内标准化协同推进,在国内通过发布脑机接口标准化白皮书、筹建国内技术委员会、构建脑机接口标准框架等工作,促进与国际标准化工作同步开展国家标准预研,对于顺利推动国际标准研究制定起到积极促进作用。

2)国际标准提案储备与管理

信息技术领域采取"研提计划-内部研究-国内论证-国际提交"的管理方式,每年制订国际标准提案计划,公开征集提案项目,围绕提案技术成熟度、技术及产业需求、项目提出渠道、提案撰写质量、专家论证结果等因素综合考量,筛选出符合要求的国际标准提案并提交至国际标准组织国内技术对口单位,同时组建专门项目组负责提案提交后的跟踪工作。另外,信息技术领域积极开展国内外标准比对分析等基础研究工作,提出国际标准创新突破建议,持续推动国际国内标准同步。信息技术领域目前整体国际标准转化率近90%,其中,信息技术服务、云计算与分布式平台等领域采标率达到100%。

3）国际标准化人才培养

例如,中国电子技术标准化研究院设立青年培养"双创"项目(高层次人才创新、创业项目),项目专题组纳入院考核体系,实行独立考核,对取得良好市场收益、作出突出贡献的人才给予效益奖励及荣誉奖励。此外该院专门设立"青年人才储备库",通过青年人才本职岗位锻炼、交流轮岗、推荐参与国际组织挂职锻炼、专项培训等方式推动青年优秀人才储备库建设。

4.3　交通运输典型案例标准国际化水平评估

前文选取我国交通运输行业及其他行业领域开展标准国际化工作的实践案例。本节在此基础上研究提出了交通运输行业领域标准国际化水平评估方法,旨在科学评估交通运输行业标准国际化水平,并进一步针对提高交通运输标准国际化水平提出相关措施建议。

4.3.1　影响因素分析

对标《国家标准化发展纲要》和《交通运输标准化"十四五"发展规划》中关于推动交通运输标准国际化发展、提升交通运输标准国际化水平的重点任务要求,结合交通运输标准国际化工作从前期策划、准备和立项,到项目研究、成果评价与应用的全过程分析,提炼标准国际化水平提升的关键要素,从交通运输标准国际化交流合作、技术基础和支撑保障三个层面提出交通运输标准国际化水平提升的关键影响因素。

1）交流合作

《国家标准化发展纲要》的发展目标之一是实现"标准化开放程度显著增强"。为此,提出了"深化交通运输标准国际交流与合作"的具体工作建议,通过参与和建立国家间、区域性标准化工作机制或参与国际标准组织、行业协会等方式,加强标准化技术和人员之间的交流与合作,提高我国交通运输标准的国际影响力。根据相关政策规划文件对促进交通运输标准国际交流合作的有关要求,提出交流合作层面的影响因素,包括履行成员职责、促进国际合作、强化组织联系、增进人员合作和建立区域性技术合作平台五个方面。

2）技术基础

标准化技术基础是实施交通运输标准国际化工作的关键因素。首先,国内外交通运输标准和标准体系的一致性程度决定了我国交通运输标准能否被其他国家、地区理解和接受,能否与国际和国外交通运输标准化体系相适应;其次,国内有关标准能否契合国际和国外交通运输行业重点领域的发展需求很重要;最后,成熟的标准转化机制也为我国交通运输标准国际化提供基础支撑。例如,建立国际标准提案库相关工作机制将有助于提高标准的转化效率和质量。由此可见,技术基础层面影响因素主要包括支撑行业发展需求、技术标准体系一致性、关键技术指标一致性和标准转化机制水平四个方面。

3）支撑保障

围绕《国家标准化发展纲要》关于"推动国内国际标准化协同发展"的工作目标,需统筹推进交通运输政策、规则、标准联通,健全交通运输标准国际化工作机制,强化交通运输标准国际化人才培养与人才队伍建设,夯实标准国际化发展基础,从而实现交通运输标准国际化发展水平提升的发展目标。因此,支撑保障层面的影响因素主要包括支撑战略规划、工作机制建立和人才队伍建设三个方面。

4.3.2 指标体系构建

交通运输标准国际化水平评估主要是衡量国际标准制修订、参与国际标准化工作活动、标准属地化等交通运输标准国际化项目实施全过程的各项工作对于行业标准国际化水平的综合提升作用,确保评估结果准确的关键在于合理选取评估指标。交通运输标准国际化是一项兼具基础性、系统性和综合性工作,包含从项目前期策划,到技术准备、交流合作,再到项目研究、成果评价与应用的全过程,涉及各类评估要素。在交通运输标准国际化水平影响因素分析的基础上,将标准国际化水平评估指标体系划分为三个层次(图 4-1)。其中,目标层为交通运输标准国际化水平评估;准则层包括交流合作、技术基础和支撑保障;因素层则包括了准则层指标之下的具体影响因素。

基于交通运输标准国际化水平影响因素分析,结合《国家标准化发展纲要》《交通强国建设纲要》《国家综合立体交通网规划纲要》和《交通运输标准化"十四五"发展规划》有关要求,提出指标体系中因素层指标的相关分级评价内容,以此作为标准国际化水平评价标准的参考,见表 4-2。

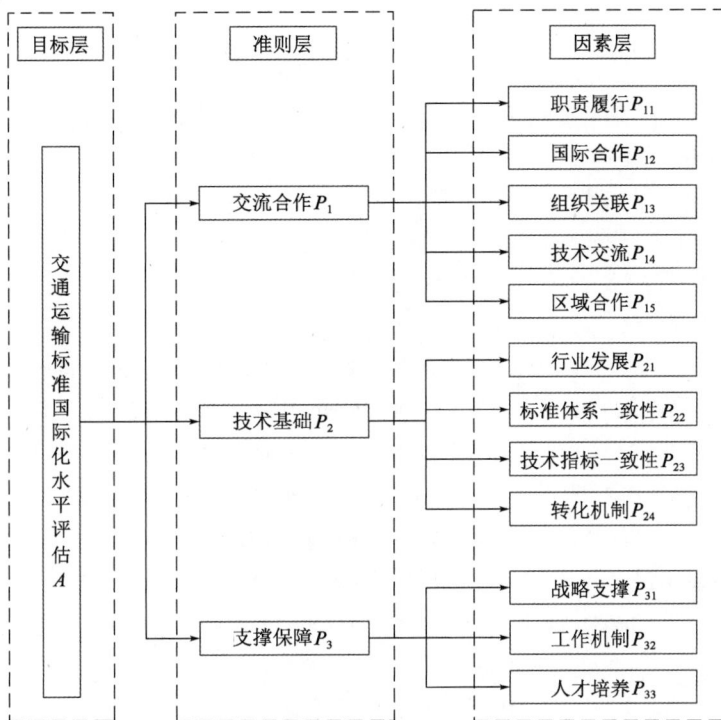

图 4-1　交通运输标准国际化水平评估指标体系

交通运输标准国际化水平评价标准　　　　　　　　　　　　　表 4-2

因素层	评价内容
职责履行 P_{11}	有效利用国际标准组织 TC/SC/WG 秘书处秘书、主席、召集人等主要职务,主动策划和承办国际标准化技术机构活动,推动交通运输标准合作交流
	借助国际标准组织成员国身份,参与国际标准组织工作活动,从行业技术标准化发展等角度出发,为我国行业相关领域标准化工作建言献策
	支撑和履行国际标准组织成员国基本责任、义务与职能,保持与国际标准化技术机构成员国的沟通交流
国际合作 P_{12}	充分利用金砖国家、亚太经合组织、上合组织等标准化对话,以及东北亚、亚太、泛美等区域标准化合作机制,推动交通运输标准国际交流合作
	通过中国与东盟、中东欧国家交通部长会议等国家间对话与合作机制,推动交通运输标准国际交流合作
	未有效利用国家间或区域性标准化对话与合作机制,推动交通运输标准国际交流合作
组织关联 P_{13}	与国际或区域行业协会等利益相关组织建立密切联系,推动我国技术发展水平与其他国际市场相衔接
	与国际或区域行业协会等利益相关组织建立基本联系,保持定期技术沟通交流和技术发展协调
	未与国际性或区域性行业协会建立联系或开展技术合作工作
技术交流 P_{14}	通过举办援外培训、标准国际化论坛等方式,促进国内外技术和管理人员技术交流
	通过技术交流会、座谈研讨会和邀请国外行业技术专家参与现场调研等方式,推动国内外技术和管理人员技术交流
	未采取相关标准化技术交流措施

因素层	评价内容
区域合作 P_{15}	建立了行业相关领域实体性国际性或区域性标准化技术合作平台
	建立了行业相关领域实体性国内标准化技术合作和交流平台
	建立了非实体性的标准化技术合作和交流平台,定期开展技术交流会
	未建立相关标准化技术合作和交流平台
行业发展 P_{21}	引领国际和国外行业相关领域技术发展方向
	填补国际和国外行业相关领域技术标准空白
	相关标准对国际和国外相关领域技术发展和标准化发展的推动作用有限
标准体系一致性 P_{22}	标准体系结构框架、标准对象、标准属性和级别等特征较为一致
	标准体系结构框架、标准对象、标准属性和级别等特征有一定差异
	标准体系结构框架、标准对象、标准属性和级别等特征差异较大
标准一致性 P_{23}	国内外相关标准的主要技术内容及关键技术指标要求较为接近
	国内外相关标准的主要技术内容较为接近,但关键技术指标具有差异
	国内外相关标准的主要技术内容及关键技术指标要求差异均较大
转化机制 P_{24}	具备相关国际标准或标准海外属地推广提案库,提案库运行机制较为健全
	具备相关国际标准或标准海外属地推广转化清单
	待制定的国际标准或待海外属地推广的标准具备一定的标准外文版基础
	无相关成果基础
战略支撑 P_{31}	支撑国家重大战略规划对标准国际化水平提升的有关要求
	支撑行业发展规划及政策制度对标准国际化水平提升的有关要求
	未支撑国家和行业对标准国际化水平提升的有关要求或支撑作用不明显
工作机制 P_{32}	推动建立政府引导、企业主体、产学研联动的国际标准化工作机制
	以企业为主体参与国际标准制定工作
	仍以政府及标准化主管机构为主导,企业参与标准制定
人才培养 P_{33}	培养出在国际标准化技术机构中任职或熟悉属地国技术标准体系的行业专家
	培养出熟悉国际标准制定规则或了解属地国技术标准体系的行业专家
	培养出拥有国际标准制定工作经验或标准海外属地推广经验的行业专家

4.3.3 评估模型计算

1)理论基础

目前,交通运输标准国际化水平评估主要通过行业相关领域专家打分、问卷调查及座谈研讨等定性方式展开。不同专家受自身技术水平和对相关领域的熟悉程度限制,对于相关指标的评判标准认知不同。即便采用统一的评估标准，受到经验见识和认知水平等因素影响，不同专家对于同一领域标准国际化水平的评估结果也可能存在一定差异。由此可见，交通运输标准国际化水平评估具有模糊性和不确定性。

云模型是在传统模糊集理论和概率统计理论的基础上提出的一种用于处理不确定性数据的模型，该模型利用云生成算法实现定性与定量数据之间的相互转化。云生成算法又称为"云发生器"，包括正向云发生器和逆向云发生器。标准国际化水平评估采用正向云发生器，通过云数字特征指标(期望、熵、超熵)生成一定数量的数据云点，从而对定性指标通过定量方式进行表征。云数字特征包括期望 E_x，熵 E_n，超熵 H_e，计算公式如式(4-1)所示。

$$\begin{cases} E_x = (C_{max} + C_{min})/2 \\ E_n = (C_{max} - C_{min})/6 \\ H_e = k \end{cases} \quad (4\text{-}1)$$

式中：C_{max}——某评估等级标准的上边界值；

$\quad\quad C_{min}$——某评估等级标准的上边界值；

$\quad\quad k$——常数，根据指标的模糊阈度进行调整。

与基于模糊数学的模糊综合评价法相比，标准国际化水平评估采用层次分析法(AHP)对云模型方法进行改进，用具有稳定倾向性的随机数代替具有唯一确定性的模糊隶属度，降低了隶属度确定的主观性，解决了在定性概念与定量数据转化过程中标准国际化水平评估的不确定性会带来影响的问题，弥补了 AHP 难以界定评价集分级分界点的缺陷。同时，AHP 为云模型计算时确定评估指标权重提供了一种有效手段。

2）评语集及云评价集建立

将交通运输标准国际化水平划分为五个等级，并设置评语集：

$$V = \{V_1, V_2, V_3, V_4, V_5\}$$

其中，V_1、V_2、V_3、V_4、V_5分别对应标准国际化水平的低、较低、一般、较高和高五个等级。对不同等级的定义见表4-3。

标准国际化水平等级定义 表4-3

等级	评语集	定义
V_1	低	行业相关领域的标准国际交流合作基础薄弱；国内外技术发展方向、标准及标准体系差异大；工作机制尚未建立；支撑保障措施不完善
V_2	较低	行业相关领域与国际或区域标准化组织、技术人员交流合作较少；国内外相关领域技术发展方向、标准及标准体系存在较大差异；工作机制尚未建立；支撑保障措施不完善

续上表

等级	评语集	定义
V_3	一般	行业相关领域与国际或区域标准化组织、技术人员初步建立联系;国内外相关领域技术发展方向存在一定交集,标准及标准体系存在一定差异;工作机制待完善;支撑保障措施初步建立
V_4	较高	行业相关领域能够履行基本责任,与国际或区域标准化组织机构、技术人员具备一定交流合作基础;国内外相关领域技术发展方向、标准及标准体系相关性较大;工作机制尚需优化;支撑保障措施尚需完善
V_5	高	行业相关领域履职情况良好,与国际或区域标准化组织机构、技术人员交流合作良好;国内外行业技术发展方向趋于一致,标准体系一致性较强;工作机制较为成熟,支撑保障措施较为完善

　　交通运输标准国际化水平各评估指标的取值范围定义为$[0,1]$。目前主要有两种云评价集生成方法,即基于云变换的数据驱动方法和基于黄金分割的模型驱动方法。前者适用于数据量较大的情况,后者适用于定性评估指标较多的情况。因此,标准国际化水平评估采用基于黄金分割率的云生成方法对指标等级进行划分,相关指标的云评价集见表4-4,各评估等级状态云图如图4-2所示。

评估指标的云评价集　　　　　　　　　　　　　　　　表4-4

评估等级	云模型数字特征	X轴范围
V_1(低)	$[0,0.103,0.013]$	$[0.309,0]$
V_2(较低)	$[0.309,0.064,0.0081]$	$[0.501,0.117]$
V_3(一般)	$[0.50,0.031,0.005]$	$[0.593,0.407]$
V_4(较高)	$[0.691,0.0064,0.0081]$	$[0.883,0.499]$
V_5(高)	$[1,0.103,0.0131]$	$[1,0.691]$

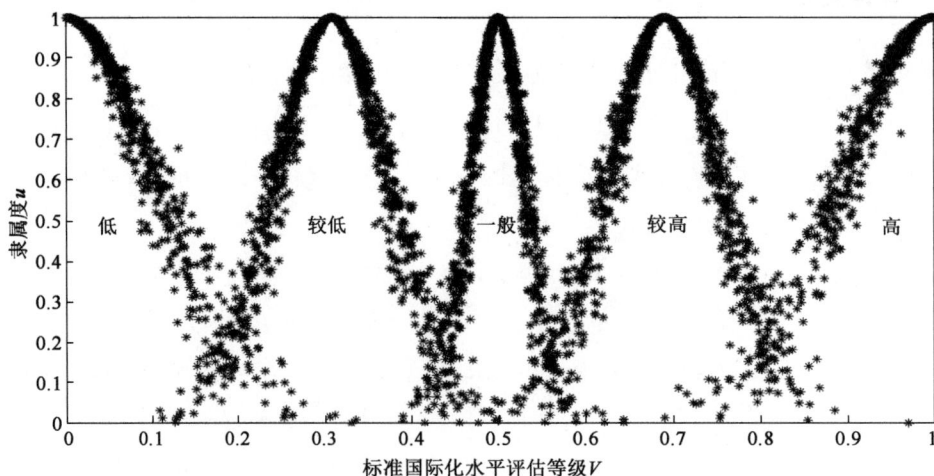

图4-2　评语集中各评估等级对应的评价状态云图

3）评估指标权重值

（1）构造判断矩阵。

采用 1~9 阶标度法对同一层级之内的各个指标进行两两比对，分别构建准则层及因素层指标相对于上一层级的比对矩阵，即判断矩阵 $\boldsymbol{B}$，如式（4-2）所示。

$$\boldsymbol{B} = (a_{ij})_{n \times n} \tag{4-2}$$

式中：$\boldsymbol{B}$——判断矩阵；

　　a_{ij}——第 i 个指标对第 j 个指标的相对重要程度，取值范围为 1~9 之间的自然数或其倒数；

　　n——矩阵阶数。

（2）计算权重向量。

计算判断矩阵 $\boldsymbol{B}$ 的最大特征值 λ_{max} 及其对应的特征向量 $\boldsymbol{\omega}_i$；然后对 $\boldsymbol{\omega}_i$ 进行归一化，即得到同层指标对于上一层级指标的相对重要性权重向量。

（3）检验一致性。

依据式（4-3）~式（4-5）分别计算最大特征值 λ_{max}、一致性指标 CI 及随机一致性比率 CR，对判断矩阵进行一致性检验。若 $CR < 0.1$，则判断矩阵符合要求，否则应对判断矩阵做相应调整后重新进行计算。RI 取值由表 4-5 确定。

$$\lambda_{max} = \sum_{i=1}^{n} \left[(Aw)_i / nw_i \right] \tag{4-3}$$

$$CI = (\lambda_{max} - n)/(n-1) \tag{4-4}$$

$$CR = CI/RI \tag{4-5}$$

式中：CR——判断矩阵的随机一致性比例；

　　CI——判断矩阵的一致性指标；

　　RI——随机一致性指标；

　　n——判断矩阵的阶数。

随机一致性指标 RI 取值表　　　　　　　　　　　　表 4-5

n	1	2	3	4	5	6	7	8	9
RI	0	0	0.52	0.89	1.12	1.26	1.36	1.41	1.46

4）确定标准国际化水平等级

根据正向云发生器算法，计算某指标评估值 x_i 隶属于云层级的确定度 μ，计算公式见式(4-6)、式(4-7)。结合 AHP 法计算得到的各评估指标组合权重,根据式(4-8)计算综合确定度 U。根据综合确定度计算结果,最终确定行业相关领域的标准国际化水平等级。

$$\mu = \exp\left[-(x_i - E_x)^2/2(E'_n)^2\right] \tag{4-6}$$

$$E'_n = E_n + H_e \cdot \text{rand}(\quad) \tag{4-7}$$

$$U = \sum_{j=1}^{n}\mu\omega_j \tag{4-8}$$

式中:x_i——i 指标的评估值;

$\quad E_x$——某评估指标的期望值;

$\quad E'_n$——由 E_n 和 H_e 生成的正态随机数;

rand( )——由软件自动生成的 0~1 之间的随机数;

$\quad \mu$——确定度;

$\quad \omega_j$——评估因子的组合权重。

5)实例研究

选取中交集团开展的"耙吸、绞吸、抓斗"3 项挖泥船疏浚监控系统国际标准制定项目开展实例研究,以评估疏浚领域标准国际化水平。采用改进云模型对疏浚领域国际标准制定案例(见 4.1.1)展开评估,主要计算过程如下:

(1)根据表 4-4 所述评价标准以及表 4-6 所述云评价集,从 12 个方面依次对中交集团疏浚装备国际标准制定案例进行评估,得到因素层 12 个指标组成的评估向量 $\boldsymbol{R}$ = (0.695, 0.591, 0.763, 0.820, 0.530, 0.701, 0.684, 0.647, 0.532, 0.703, 0.694, 0.752)。

标准国际化水平评估指标权重　　　　　　　　　　表 4-6

准则层	准则层权重	因素层	因素层权重	组合权重
交流合作 P_1	0.1017	职责履行 P_{11}	0.3997	0.0406
		国际合作 P_{12}	0.1505	0.0153
		组织关联 P_{13}	0.0503	0.0051
		技术交流 P_{14}	0.0967	0.0098
		区域合作 P_{15}	0.3028	0.0308
技术基础 P_2	0.6709	行业发展 P_{21}	0.4633	0.3108
		标准体系一致性 P_{22}	0.3117	0.2091
		标准一致性 P_{23}	0.1531	0.1027
		转化机制 P_{24}	0.0719	0.0482

准则层	准则层权重	因素层	因素层权重	组合权重
支撑保障 P_3	0.2274	战略支撑 P_{31}	0.6358	0.1446
		工作机制 P_{32}	0.1052	0.0239
		人才培养 P_{33}	0.2590	0.0589

（2）根据采用 $1 \sim 9$ 阶标度法,对准则层和因素层各指标间重要性程度进行比较,分别建立目标层与准则层、准则层与因素层判断矩阵,计算得到准则层和因素层指标的权重向量,见表4-6。评估因子的组合权重 $\omega_j = (0.0406, 0.0153, 0.0051, 0.0098, 0.0308, 0.3108, 0.2091, 0.1027, 0.0482, 0.1446, 0.0239, 0.0589)$,说明行业发展方向、标准体系一致性和战略规划支撑是影响交通运输标准国际化水平的主要因素。

（3）经判断矩阵一致性检验,得到各判断矩阵的随机一致性比例 $CR = (0.0825, 0.0453, 0.0403, 0.037)$,满足检验要求。

（4）依据对中交集团疏浚装备国际标准制定案例的评价结果,通过式(4-5)计算疏浚领域标准国际化水平评估值对各云层级的综合确定度 U,计算结果见表4-7。最终对比确定疏浚领域标准国际化水平为 V_4(较高)。

综合确定度 U 的计算结果

表4-7

等级	V_1	V_2	V_3	V_4	V_5
U	0.00000	0.00003	0.04387	0.59422	0.01637

对比《交通运输标准化"十四五"发展规划》等相关政策规划文件关于行业相关领域标准国际化发展工作的有关要求和疏浚领域标准化发展实际水平发现,当前疏浚领域标准国际化工作围绕提升行业治理能力、建设适应高质量发展的标准体系和加快转化应用适用的国际国外标准等重点任务,取得了较为显著的成效。但距离"疏浚装备等重点领域标准率先达到国际领先水平"和"国家标准和行业标准与国际标准关键技术指标一致性程度大幅提升,国际标准转化率达到85%以上"等发展目标仍存在一定差距。在上述对比分析的基础上,结合疏浚行业国际标准化有关专家调研咨询认为,模型评估结果与疏浚领域标准国际化发展实际情况较为吻合。

利用上述方法对铁路、管道、港口等领域标准国际化水平进行实例验证,并将结果与模糊综合评价法、TOPSIS法以及行业专家评估结果进行比对分析,见表4-8。结果显示,此方法计算结果与专家评判结果的一致性程度最高,说明构建的评估模型对行业各领域标准国际化水平评估具有普遍适用性,提高了标准国际化水平评估的准确性。

综合确定度计算结果 表 4-8

领域	V_1	V_2	V_3	V_4	V_5	本方法	模糊综合评价法	TOPSIS 法	专家评估
疏浚	0.0000	0.0003	0.0438	0.5942	0.0164	V_4	V_3	V_4	V_4
铁路	0.0000	0.0011	0.1476	0.4792	0.0031	V_4	V_3	V_3	V_4
管道	0.0084	0.4487	0.1368	0.0813	0.0000	V_2	V_2	V_2	V_2
港口	0.0000	0.1774	0.7549	0.0236	0.0017	V_3	V_2	V_3	V_3

4.4 本章小结

　　本章系统搜集了我国交通运输行业疏浚装备、铁路、交通工程等领域开展标准国际化工作的典型案例，从工作背景、工作过程、典型经验等方面分析了相关领域开展交通运输国际标准制修订、交通运输标准属地化等相关工作的主要过程，介绍了相关案例并总结了典型经验。通过对我国电力技术、水利技术及信息技术领域标准国际化工作的调研，进一步分析了相关领域开展标准国际化工作案例并总结经验，为行业标准国际化工作提供借鉴。此外，本章还建立了交通运输标准国际化水平评估指标体系，提出了基于改进云模型的标准国际化水平评估方法，通过实例研究验证了模型的适用性和合理性，为科学、客观地评估行业标准国际化水平提供基础支撑。

第 5 章

CHAPTER 5

交通运输标准国际化
发展对策建议

本章在对交通运输标准国际化发展技术优势领域进行分析的基础上,提出标准国际化发展目标、发展思路及对策建议,分步骤、分阶段推动交通运输标准国际化发展。

5.1　发展目标

5.1.1　国家层面标准国际化发展总体目标

近年来,中共中央、国务院及相关部门通过多项政策文件的制定实施,使标准国际化发展目标逐渐清晰,成为交通运输标准国际化发展任务制定的重要依据。2015 年,《国务院关于印发深化标准化工作改革方案的通知》(国发〔2015〕13 号)中提出:到 2020 年,参与国际标准化治理能力进一步增强,承担国际标准组织技术机构和领导职务数量显著增多,与主要贸易伙伴国家标准互认数量大幅增加,我国标准国际影响力不断提升,迈入世界标准强国行列。同年,国务院办公厅在《关于印发国家标准化体系建设发展规划(2016—2020 年)的通知》(国办发〔2015〕89 号)中提出:到 2020 年,标准国际化水平大幅提升。参与国际标准化活动能力进一步增强,承担国际标准化技术机构数量持续增长,参与和主导制定国际标准数量达到年度国际标准制修订总数的 50%,着力培养国际标准化专业人才,与“一带一路”共建国家和主要贸易伙伴国家的标准互认工作扎实推进,主要消费品领域与国际标准一致性程度达到 95% 以上。围绕节能环保、新一代信息技术、高端装备制造、新材料、新能源汽车、船舶、农产品、玩具、纺织品、社会管理和公共服务等优势、特色领域以及战略性新兴产业领域,平均每年主导和参与制定国际标准500 项以上。围绕实施“一带一路”倡议,以东盟、中亚、海湾、蒙俄等区域和国家为重点,深化标准化互利合作,推进标准互认;在基础设施、新兴和传统产业领域,推动共同制定国际标准,组织翻译 1000 项急需的国家标准、行业标准英文版。

2018 年,推进“一带一路”建设工作领导小组办公室印发的《标准联通共建“一带一路”行动计划(2018—2020 年)》中提出:到 2020 年,基本形成交流互鉴、开放包容、互联互通、成果共享的标准国际化发展新局面,基本建成政府推动、市场主导、多方参与、协同推进的标准国际化工作新格局,中国标准与国际和各国标准体系兼容水平不断提高,标准化在推进“一带一路”建设中的基础性和战略性作用充分发挥。标准化开放合作不断深化,基本实现全面建成与重点“一带一路”共建国家之间畅通的标准化合作机制;标准

"走出去"步伐更加坚实,打造一批海外标准化示范项目,实施一批援外标准化培训项目;标准互认领域不断扩大,中国标准外文版制定不少于1000项,关键技术指标比对数量力争达到2000个;中国标准品牌效应明显提升,推进"一带一路"建设相关领域中国标准名录。

2021年,中共中央、国务院印发《国家标准化发展纲要》,明确提出:到2025年,标准化开放程度显著增强。标准化国际合作深入拓展,互利共赢的国际标准化合作伙伴关系更加密切,标准化人员往来和技术合作日益加强,标准信息更大范围实现互联共享,我国标准制定透明度和国际化环境持续优化,国家标准与国际标准关键技术指标的一致性程度大幅提升,国际标准转化率达到85%以上。到2035年,结构优化、先进合理、国际兼容的标准体系更加健全。2024年,国家市场监管总局会同中央网信办、国家发展改革委等18部门联合印发《贯彻实施〈国家标准化发展纲要〉行动计划(2024—2025年)》,针对"实施标准国际化跃升工程",进一步围绕拓展国际标准化合作伙伴关系、深化共建"一带一路"标准联通、深度参与国际标准组织治理、积极推动国际标准研制、健全稳步扩大标准制度型开放机制等方面提出具体任务。

5.1.2　交通运输标准国际化发展阶段目标

交通运输领域标准国际化发展阶段目标应在交通运输标准化政策体系及顶层规划框架下进行研究设计。中共中央、国务院在《交通强国建设纲要》中提出,从2021年到20世纪中叶,分两个阶段推进交通强国建设。针对深化交通国际合作方面,明确到2035年,交通国际竞争力和影响力显著提升;到20世纪中叶,交通安全水平、治理能力、文明程度、国际竞争力及影响力达到国际先进水平。进一步提出积极推动全球交通治理体系建设与变革,促进交通运输政策、规则、制度、技术、标准"引进来"和"走出去",积极参与交通国际组织事务框架下规则、标准制定修订,提升交通国际话语权和影响力。在中共中央、国务院印发的《国家综合立体交通网规划纲要》中,同样以2035年、20世纪中叶为主要节点,提出国家综合立体交通网各阶段发展目标,其中提出要加强交通运输国际交流合作,积极参与国际交通组织,推动标准国际互认,提升中国标准的国际化水平。

2021年,交通运输部会同国家标准化管理委员会、国家铁路局、中国民用航空局、国家邮政局五部委联合印发《交通运输标准化"十四五"发展规划》(交科技发〔2021〕106号),针对标准国际化发展明确提出,到2025年标准国际化水平显著提升。

在党中央、国务院对标准国际化发展的相关部署下,贯彻落实《交通强国建设纲要》

《国家综合立体交通网规划纲要》《国家标准化发展纲要》关于标准国际化发展的相关要求,紧紧围绕"推进国际标准共建共享,深化交通国际合作",根据交通强国建设阶段目标,交通运输标准国际化发展可具体分为近期(2025年)、远期(2035年)两个时间节点,分步骤、分重点、系统性推进,以标准"软联通"打造交通运输国际合作"硬机制",为服务推进标准制度型开放、加快建设交通强国提供有力保障。各阶段目标任务如图 5-1 所示。

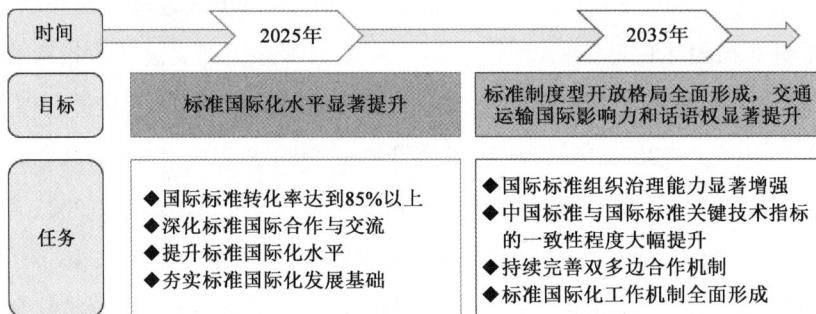

图 5-1　交通运输标准国际化发展各阶段目标任务

注:近期目标与任务来源于《交通运输标准化"十四五"发展规划》。

第一阶段:到 2025 年,标准国际化水平显著提升。基本形成交流互鉴、开放包容、互联互通、成果共享的标准化国际交流合作发展新局面。根据《交通运输标准化"十四五"发展规划》对标准国际化发展的目标设计,工程建设、道路运输等领域标准在国外得到更加广泛应用,重点领域标准率先达到国际领先水平。国家标准和行业标准与国际标准关键技术指标一致性程度大幅提升,国际标准转化率达到 85% 以上,我国在国际标准组织中的贡献率显著提高。针对当前交通运输标准国际化发展现状与主要规划目标,提出到 2025 年的具体发展目标如下:

(1)持续提升国际标准组织工作贡献度。拓展我国交通运输参与国际标准组织及相关国际组织工作及活动领域的深度和广度。推动重点领域在 ISO 等国际标准组织建立技术机构或承担秘书处工作。提高交通运输领域专业标准化技术委员会与国际标准组织技术机构一致性程度,发挥国际标准组织国内技术对口单位优势,积极开展国际标准化工作与交流活动。

(2)国际标准制定取得突破进展。在铁路装备、集装箱、自动驾驶、疏浚装备、起重装备、快递物流等领域主持或深度参与国际标准制定,推动将我国技术纳入国际标准。建设国际标准提案库,向 ISO 等国际标准组织提交国际标准提案不少于 40 项。

(3)交通运输标准"引进来"程度显著提升。加快推动成熟适用国际标准转化应用,交通运输国际标准转化数量和转化时效性显著提升。在工程建设、运输服务等领域,推动开展对欧盟、东盟等区域及美国、英国、日本等典型国家标准的研究、翻译工作。加快推动国际标准转化应用,国际国内标准一致性程度有所提升。

(4)交通运输标准"走出去"步伐更加坚实。推动工程建设、装备技术、运输服务等领域标准在共建"一带一路"国家和地区推广应用,成体系开展标准外文版翻译与出版,促进重点标准中外文版同步立项、同步制定、同步发布,成体系完成200项标准外文版,丰富翻译语种。

(5)标准国际化工作基础进一步夯实。建立健全交通运输标准化人才选拔培养机制,支持标准国际化人才参与国际交流活动。搭建标准国际合作交流平台,开展援外标准化培训项目,推动与共建"一带一路"国家建立标准化合作机制。

第二阶段:到2035年,标准制度型开放格局全面形成,交通运输国际影响力和话语权显著提升。

国际标准组织治理能力显著增强,推动在更多领域承担国际标准组织技术机构秘书处或管理职务,深度参与国际标准组织重大政策规则制定,在重点优势领域建设国际标准体系。中国标准与国际标准关键技术指标的一致性程度大幅提升,与共建"一带一路"国家和地区标准互认数量大幅增加。持续完善双、多边合作机制,深入推动金砖国家、亚太经合组织、上合组织、区域全面经济伙伴关系协定等框架下的交通运输标准化交流合作。政府引导、以企业为主体、产学研联动的标准国际化工作机制全面形成,标准国际化发展基础更加坚实。

5.2 发展思路

围绕交通运输标准国际化发展目标要求,根据标准国际化工作实际及相关需求,进一步明确交通运输标准国际化发展思路,即"坚持1条主线、聚焦3项任务、突出6大领域"。

5.2.1 发展主线

以习近平新时代中国特色社会主义思想为指导,立足新发展阶段,完整、准确、全面贯彻新发展理念,充分发挥标准化在加快构建新发展格局、推动经济社会高质量发展中的基础性、引领性作用。贯彻"推动交通运输标准国际化高质量发展,推进国际标准共建共享"发展主线,坚持政府推动、企业主体,积极融入国际标准治理体系,加快推动国际国内标准一体化进程,提升我国交通运输标准与世界标准体系融合度。以标准"软联通"打造交通运输国际合作"硬机制",为扩大标准制度型开放、加快建设交通强国提供有力保障。

5.2.2 主要任务

1)深化标准国际合作与交流

积极推进与东盟、中亚、中东欧、非洲、拉美等国家和地区开展双/多边标准化合作交流,鼓励和支持我国企业和科研单位广泛参与国际标准化机构、跨国联盟的标准化活动,形成与主要国家和地区的标准化专题固定交流合作平台,促进标准化战略、政策、措施和项目的全方位对接。支持有关企业和科研单位举办标准国际化论坛,开展国际合作研究和援外培训,提升国际影响力。

2)提升标准国际化水平

在优势特色领域和新兴领域主持或深度参与国际标准制定,推动将我国技术纳入国际标准。建立常态化的国际国外标准动态跟踪、对比研究机制,加快推动成熟适用国际标准转化应用。成体系开展标准外文版翻译与出版,推动重点标准中外文版同步立项、同步制定、同步发布。发挥沿边地区的区位优势和辐射带动作用,促进我国标准在"一带一路"共建国家地区推广应用,推动我国标准属地化。鼓励领军企业联合"一带一路"共建国家或相关合作伙伴,探索以区域标准化创新联盟形式打通重要领域技术链、产业链上下游,推动共同制定国际标准及相关区域、国家标准,推动先进技术标准国际化应用与推广,推动国家间标准互认。

3)夯实标准国际化发展基础

建立政府引导、以企业为主体、各方参与的标准国际化工作机制,培育一批国际标准化活动能力突出的企业。鼓励和支持企业、学会协会、科研单位等建立国际标准研究机构,加强技术研发与交流合作。开展标准国际化人才队伍培养,健全交通运输标准化人才选拔培养机制。建立国际标准提案常态化储备管理机制,分重点、成体系逐步向国际标准化技术机构提交国际标准提案,加大力度推动国际标准立项。

5.2.3　优势领域

我国交通运输行业涉及专业领域较多,不同领域各自技术特点、标准化发展情况、标准国际化程度均有不同,在制定我国交通运输标准国际化发展任务措施中不宜采用"一刀切"的方式,而应根据各领域实际发展情况及标准国际化需求,有针对性地制定不同专业领域的标准国际化发展策略,以便更有效地推动我国交通运输标准国际化进程。

5.2.3.1　技术优势领域筛选

1）筛选原则

(1)技术优势。所选的领域应能体现我国交通运输先进技术发展水平,具备一定的技术研发优势与基础,通过将我国优势领域技术标准纳入国际标准,可进一步促进本领域标准化水平实现国际领跑。

(2)竞争优势。所选的领域应有利于提高我国交通运输国际竞争力及影响力,同时在国际大多数国家和地区有广泛需求,有必要通过统一国际上的标准促进我国该领域的技术进步及产业优化,提高国际竞争力。

(3)发展优势。所选的领域应通过标准国际化带动该领域在国际上实现产业化发展,形成新的经济增长点。同时能进一步促进我国交通运输的可持续发展,推动国际层面认识、熟悉、认可中国标准,促进交通运输领域国际标准化实现质的飞跃。

2）领域筛选

根据我国目前交通运输各领域标准国际化发展程度,比对与国际组织建立对口关系、承担国际标准组织技术机构相关工作职务、制定国际标准的情况(具体内容见第3章),梳理标准国际化发展相对成熟的部分领域及具备发展潜力的领域,包括铁路、集装箱、疏浚装备、智能运输、起重装备、港口码头等。同时,结合"一带一路"交通运输互联互通发展要求、交通强国建设重点领域发展需求,以及我国交通工程领域标准海外推广应用的工作基础,需要在工程建设领域进一步提升标准国际化发展程度。基于此,根据筛选原则,初步提出将铁路、集装箱、疏浚装备、智能运输系统、起重装备、自动化码头、工程建设作为当前标准国际化发展优势领域。

5.2.3.2　技术优势领域发展重点方向

1）铁路领域

（1）发展基础。

依托铁路项目"走出去"，铁路技术标准国际化得到同步推进，通过积极参加 ISO、IEC 等国际标准组织活动，进一步提升我国铁路技术标准的影响力和话语权。

目前，在铁路应用领域，中国铁道科学研究院集团有限公司（简称"铁科院"）与国际标准化组织铁路应用技术委员会（ISO/TC269）下设的 3 个分技术委员会（SC1、SC2、SC3）建立了直接对口关系。截至 2023 年 6 月，由我国专家担任召集人的有 11 个，占比 28%，主持的国际标准数目逐年提升，积极为世界铁路贡献中国方案。

在铁路牵引电气设备领域，由全国牵引电气设备与系统标准化技术委员会负责对口 IEC/TC9（铁路牵引电气设备与系统标准化技术委员会）工作。截至 2023 年底，中国共主持制定并发布了 13 项 IEC/TC 9 的国际标准，涵盖列车无线重联系统、车载多媒体系统、复合绝缘子、列车通信网络、电子镇流器、架空接触网用绝缘合成绳索组件、机车车辆电连接器、电气隐患防护、布线规则和无轨电车等领域。

此外，ISO/TC268（城市可持续发展标准化技术委员会）于 2021 年成立了可持续流动与交通分技术委员会（ISO/TC268/SC2），具体由中车青岛四方车辆研究所有限公司负责国内对口工作，并担任 ISO/TC268/SC2/AHG1 智慧运维特别工作组召集人。截至 2023 年底，ISO/TC268/SC2 现有在编与发布标准 19 项，其中我国主持/联合主持 6 项（均已发布）。

除国际标准组织外，中国铁路在国际铁路联盟（UIC）的影响力逐步提高。UIC 高速铁路委员会主席由中国国家铁路集团有限公司专家担任，近年来，我国先后主持参与了国际铁路联盟 60 余项重要技术标准的制修订，主持完成的 11 项《高速铁路实施》《高速铁路设计》等相关国际铁路标准（IRS），填补了高速铁路实施、设计等关键领域的国际标准空白，为世界高速铁路建设运营贡献了中国智慧和中国方案。

我国铁路行业主管部门非常重视铁路标准外文版翻译出版工作，《铁路工程建设标准管理办法》规定，新标准出台后应尽快推进英文版翻译项目。目前，铁路领域已基本实现了现行全套工程建设标准均有英文版的目标，增强了我国铁路标准的宣传力度，提高了国际影响力。

（2）发展趋势。

近年来，ISO/TC269、CEN/TC256 等相继出台战略性纲要文件，明确战略规划及发展方向。其中,ISO/TC269 于 2018 年修订并执行新版《战略计划》(*Business Plans*),规划了未来 ISO/TC269 标准制定重点方向,包括适用于铁路发展战略的标准、确保铁路网络兼容性的标准、支持互联互通的标准、促进基础设施和机车车辆产品发展的标准、支持铁路系统运营、维修及支持服务的标准等,对我国铁路领域更有针对性地提出 ISO 国际标准提案具有重要指导意义,需要对相关标准化需求予以密切关注。

(3)重点发展方向。

①利用铁路领域在国际标准组织相关技术机构担任秘书处、工作组负责人职务等优势,在国际标准组织重要政策规则制定过程中积极提出中国建议。

②主持和参加国际标准的制定。积极参与并争取主持 ISO/TC269、IEC/TC9 等国际关键技术标准制修订工作,加强与国际铁路联盟(UIC)的沟通与联系,实质性参与标准化行动。

③加强与共建"一带一路"国家间标准互认。及时跟踪国际铁路技术标准发展动态,加强国际标准研究,深入开展中外标准差异性和等效性的研究和比对分析,加快转化适合我国国情的国际标准。积极组织我国铁路标准外文版翻译,结合海外工程承包、设备出口和对外援建等多方式推广中国标准,促进我国铁路领域标准与"一带一路"等相关国家互认。

2)集装箱领域

(1)发展基础。

集装箱领域在我国交通运输行业中标准国际化发展相对较早。2011 年我国制定并发布了国际标准《集装箱 RFID 货运标签系统》(ISO 18186:2011),这是我国交通运输领域主导制定的第一项国际标准,截至 2023 年底,我国在此领域主导制定、修订的国际标准有 6 项。目前全国集装箱标准化技术委员会与 ISO/TC104 建立了直接对口联系。其中,中国国际海运集装箱(集团)股份有限公司、交通运输部水运科学研究院专家分别承担特种集装箱分委会(ISO/TC104/SC2)平台及台架式集装箱工作组(WG6)、散货集装箱工作组(WG7)召集人职务。在国际标准转化方面,因集装箱国际通用,集装箱专业领域国际标准转化情况为应转尽转,优先等同转化,国际标准转化率达到 90% 以上。

目前,在我国集装箱领域已完成的标准制修订工作中,重点加强了智能集装箱、环保集装箱、集装箱多式联运三大关键技术领域的相关标准制修订工作。并以全国集装箱标准化技术委员会为主体,联合全球智能集装箱产业联盟(GSCA),积极筹备相关国际标准提案研究准备工作。

（2）发展趋势。

ISO/TC104 成立于 1961 年，由倡议者美国国家标准学会（ANSI）承担秘书处工作至今，该委员会以建立国际运输系统为目标，进行集装箱标准化工作。在 ISO/TC104 的统筹发展下，下设了 SC1——通用集装箱、SC2——特种集装箱及 SC4——身份识别和通信三个分技术委员会。截至 2022 年 12 月，与集装箱的设计、测试、装卸、运输和信息等密切相关的国际标准共有 40 余项。从各项标准涉及的技术领域来看，总体包括 3 个重点技术领域：一是特种集装箱，包括保温集装箱、罐式集装箱、散货集装箱以及平台式集装箱等的规格与试验检测等技术要求；二是电子密封，主要指集装箱电子密封技术领域；三是识别技术，主要指基于射频识别（RFID）的集装箱识别技术。

欧美国家尤其重视集装箱标准的制修订及其控制权，在标准制修订工作方面已经建立了完善的体系和机制，投入力度较大。集装箱领域国际标准化目前主要由两大集团所主导，一是欧美国家的标准管理机构，以美国国家标准化协会、英国标准协会、德国标准化协会以及丹麦标准化协会等为代表；另一大集团则以欧美的大型船公司为代表。同时，由于在行业中所处角色和位置相似，利益趋同，这些欧美国家往往形成联盟，在 ISO 组织中和相关标准化工作活动上掌握了主导权。近几年，随着我国集装箱标准化的逐步发展，在国际标准化技术机构中的参与度、贡献度逐步提高，我国在国际集装箱标准化的舞台上将发挥越来越重要的作用。

根据国际集装箱技术发展趋势及 ISO/TC104 的发展方向，国际集装箱标准化将逐步呈现更安全、更高效、更环保、更智能的特征，也为我国集装箱国际标准研究制定提供了方向指引。

（3）重点发展方向。

①深度参与国际标准化工作，全面提升我国集装箱领域标准化的国际影响力和竞争力。发挥好 ISO/TC104/SC2/WG6、WG7 工作组的平台作用，推动智能集装箱等领域的国际标准制定，对国际集装箱标准以及集装箱运输业的发展发挥更大的作用。

②在 ISO/TC104 的工作框架下积极融入国际标准体系。对标集装箱国际发展态势及重点领域，瞄准集装箱国际标准体系存在空白的部分技术领域，结合我国集装箱技术发展基础，在智能、环保、安全等领域推动集装箱先进技术标准纳入国际标准，努力成为国际标准的重要参与者。

③搭建合作平台，加强交流。进一步发展全球智能集装箱产业联盟平台，坚持标准先行，联合企事业单位共同开展国际标准研究，不断补充和完善集装箱领域国际标准体系。

3）疏浚装备领域

（1）发展基础。

全国港口标准化技术委员会疏浚装备分技术委员会成立于2018年,秘书处设于中交集团,旨在积极广泛地开展我国疏浚技术标准编制与成果推广应用。近年来,以挖泥船装备技术为代表的疏浚装备领域在标准国际化发展进程中取得了突破性的进展。2014年,由中交集团牵头在ISO/TC8下成立挖泥船工作组（WG11）,并担任召集人职务。自工作组成立以来,积极推动中国主导国际标准制修订工作,截至2024年,牵头修订发布2项国际标准,制定发布3项国际标准。

（2）发展趋势。

从国际上看,由于疏浚技术相对垄断与封闭,国外疏浚公司从技术保密的角度考虑,参与疏浚装备领域国际标准的意愿与程度不高,因此目前疏浚领域的国际标准较少。

根据ISO/TC8/WG11工作组工作报告,WG11工作组将在挖泥船设计、建设、产量计量、环境保护等方面继续致力于国际标准化建设（图5-2）。同时,在国际标准制定方面,将聚焦在挖掘系统、泥泵系统、疏浚管道系统、装卸系统等领域,深度推动国际标准研究制定。当前,以中交集团为主要力量的WG11工作组正在深入推动挖泥船相关国际标准的研究制定,通过国际标准的制修订工作,进一步贡献中国智慧。

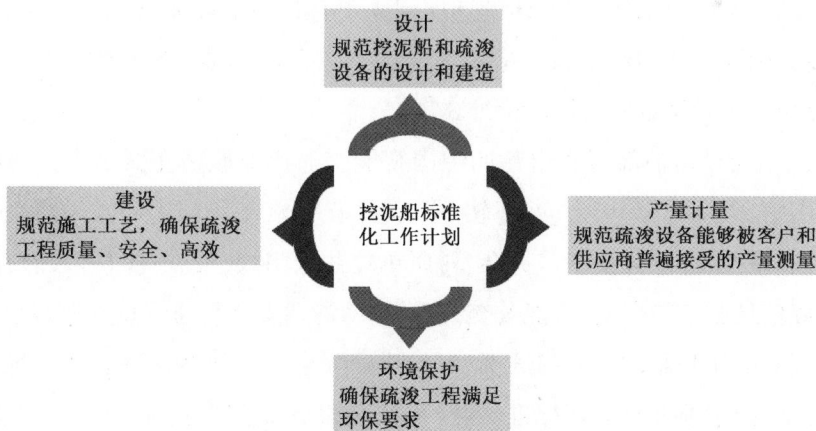

图5-2　ISO/TC8/WG11未来工作计划

注:资料来源于ISO/TC8/WG11 Convenor Report2020-09-10。

（3）重点发展方向。

疏浚装备领域标准国际化程度的发展快速,一方面源自我国疏浚装备从引进到跟跑再到领跑的技术发展,另一方面得益于疏浚行业近10年重视参与标准国际化相关活动、注重标准储备及国际标准制定准备工作。在现有工作基础上，中国疏浚领域应进一步积累标准应用经验，深入实施标准国际化战略，在国际标准化舞台上推广中国经验，赢得实实在在的话语权。

①秉持"共商共建共享"的原则，深化合作，实现共赢。发挥好现有 ISO/TC104/WG11 的平台作用，深入参与标准国际化工作。加强与 IMO 等其他相关国际组织开展标准化国际合作交流，提升中国疏浚装备领域标准国际影响力。

②建立疏浚装备技术标准体系，争取更多的国内专家共同参与国际标准制修订，建成疏浚装备技术国际领先的标准体系，进一步提高中国疏浚装备技术领域在疏浚装备作业等方面的国际影响力。

③扩大技术人才及专家队伍。培养懂技术、通语言、熟规则的疏浚装备领域的国际标准化人才，练好"内功"，提升能力，深入学习掌握国际标准组织及相关机构的国际规则，不断提升工作能力和水平，在国际标准化舞台上全面展示中国智慧和风采，推动疏浚装备领域标准国际化进程。

4）智能运输系统领域

（1）发展基础。

全国智能运输系统标准化技术委员会（SAC/TC268）具体从事全国性智能运输系统标准化工作的技术组织工作，与 ISO/TC204 建立了直接对口联系，代表中国负责 ISO 内智能交通相关国际标准的运维和组织管理，并参加各阶段标准草案投票。截至 2024 年，智能运输领域已主导制定发布国际标准 3 项。

2013 年，由交通运输部指导组建的中国智能交通产业联盟正式成立。该联盟由英特尔、中国电信、大众汽车、华为、高德软件、百度、长安汽车等国内外数十家大型智能交通相关企业和高校、标准化技术委员会、科研单位共同组成，旨在通过开展合作，推动智能交通、车载信息服务与安全、智能公交、便携移动终端支持交通信息服务四个方面的标准化工作，同时搭建联盟试验与测试平台，加强国际合作与海峡两岸合作。推动联盟标准向行业标准、国家标准及国际标准转化，加快联盟成员企业实现"走出去"战略，推动我国智能交通产业的国际化步伐，为开展智能运输系统领域国际标准制定起到积极促进作用。

（2）发展趋势。

2008 年，ISO/TC204 在慕尼黑召开的全体会议上审议通过了该技术委员会的工作目标与业务方向，包括：①制定标准，为 ITS 的开发和集成提供总体架构、术语和数据注册框架;②制定用于车辆和便携式设备之间进行无线通信的消息集和协议的标准,用于交通和出行者信息服务以及其他面向车辆的无线 ITS 服务、车队管理、紧急通知和响应、电子收费/道路收费、商用车过境,负载监控(特别是危险品货物)和凭证验证等;③制定用于公共和私人信息采集设备间交互信息的消息集和协议标准;④制定交通管理中心与外场设备及其他交通管理中心交互所需的消息集和协议标准;⑤制定与车辆环境相互作用的驾驶人辅助系统的性能标准,用于相关传感设备,以及多个驾驶辅助功能的可靠集成;⑥制定标准,使相关地图数据库和其他位置信息具有兼容性与互操作性,以及在整个系统和数据库间引用位置的一致性;⑦制定自动化车辆和设备识别标准;⑧制定 ITS 操作特性和人机界面相关标准;⑨制定标准,以使人员和货物跨国界和跨多种运输方式的流动更加便捷;⑩制定与多种车载设备进行商业(货运和公共运输)车载信息交换的标准;⑪制定关于货物多式联运处理的标准;⑫制定参考数据模型标准,以允许在不同应用程序之间轻松交换信息;⑬制定多运营商服务中安全可靠的交易和资金流管理标准。

目前,ISO/TC204 官方并未发布未来国际标准制定的重点领域,其工作依然在 2008 年所确定的技术委员会工作目标与业务方向相关框架内开展。通过对 ISO/TC204 的标准化活动的跟踪和参与,未来国际标准制定的主要领域主要包括智能运输管理相关术语更新、L2/L3 等级车辆驾驶辅助系统、交通信息服务、智能交通与绿色可持续交通融合、合作式系统等方面。

(3)重点发展方向。

以培育壮大交通运输行业新动能、发展交通运输新质生产力为契机,持续提升智能运输系统领域标准化对外开放水平,提升国际影响力和话语权。

①积极参与制定国际标准。搭建智能运输系统国际标准研发平台,组织专家团队聚焦车路协同等智能运输系统重点领域积极参与国际标准研究制定,有序策划并培育国际标准提案。

②深度参与国际标准化工作。利用 ISO/TC204 国内技术对口单位优势,加强国际标准组织工作活动交流,积极承办国际标准化工作会议与其他国际标准化交流活动。

③加强国际智能运输系统领域技术标准动态跟踪,深入开展中外标准差异性和等效性的研究和对比分析,加快转化适合我国国情的国际标准,提高国际国内标准一致性程度。

④充实智能运输系统领域国际标准化人才队伍。培养行业领军人才,探索参与国际标准化工作的激励机制,持续在国际标准化舞台上发声,提升中国影响力。

5）起重装备领域

（1）发展基础。

与交通运输起重装备相关的领域主要涉及臂架起重机及其他港口起重机械装备。在臂架起重机方面，全国起重机械标准化技术委员会臂架起重机分技术委员会（SAC/TC227/SC4）由交通运输部主管，秘书处承担单位为交通运输部水运科学研究院，对口国际标准化组织起重机技术委员会臂架起重机分会（ISO/TC96/SC8）。2020年发布1项国际标准——《起重机　术语　第4部分：臂架起重机》（ISO 4306-4：2020），目前正在修订2项国际标准——《起重机　分级　第4部分：臂架起重机》（ISO 4301-4）、《起重机　供需双方应提供的资料　第4部分：臂架起重机》（ISO 9374-4）。截至2023年6月，ISO/TC96/SC8现行有效国际标准有11项，其中10项已转化为国家标准，国际标准转化原则是应转尽转，大部分为等同采用。

在港口起重装备方面，以全国港口标准化技术委员会（TC530）为主体，推动开展了系列标准国际化研究项目，包括标准国际化发展研究、国内外体系及重点产品关键技术标准内容比对研究、"一带一路"标准应用分析研究等。同步推进标准外文版翻译工作，加快标准国际化步伐，扩大中国标准外文版覆盖面。

（2）发展趋势。

ISO/TC96成立于1961年，其主要任务是负责起重机械，包括流动式起重机、塔式起重机、臂架起重机、桥式及门式起重机等的设计、术语、钢丝绳、测试方法、使用、操作及维护相关国际标准的制修订工作。2012年，在德国柏林召开的ISO/TC96大会上，中国机械工业集团专家正式成为新一任ISO/TC96主席，并将秘书处落户在中联重科股份有限公司，对我国起重机械标准提案上升为国际标准、起重机械产品进入和占领国际市场、在ISO中进一步提高话语权起到关键作用。目前，臂架起重机相关国际标准以基础应用类为主，关于智能、安全方面的起重机标准较少，为我国臂架起重机国际标准及提案项目的进一步研制提供主要方向。

（3）重点发展方向。

①加强国际标准提案研究储备。积极向ISO对口技术机构提交国际标准提案项目，加大力度推动国际标准立项。

②推动人才队伍建设。培养行业领军人才，探索参与国际标准化工作的激励机制，为起重装备领域深入推进标准国际化发展打牢基础。

③加强标准化国际交流。利用ISO国内技术对口单位的工作优势，参加ISO/TC96/

SC8 工作会议等相关国际标准化会议活动,积极参与国际标准各阶段投票,在工作会议及其他相关国际标准化会议中对中国起重装备优势、特色技术进行宣传介绍,与其他成员国代表达成共识,为进一步争取国际标准立项做好支撑。

6）港口码头领域

（1）发展基础。

与港口码头领域相关的全国港口标准化技术委员会（TC530）是港口专业领域内从事全国标准化工作的技术工作组织,负责全国港口标准化的技术归口工作,由交通运输部负责具体管理与指导。随着我国港口码头技术水平逐步提高,我国参与国际标准化工作的深度也逐步加深,重点聚焦集装箱码头等领域积极推进标准国际化工作,深度参与国际标准体系治理。

随着智能交通的发展,我国港口领域标准化工作及标准制修订逐步侧重通过标准引领智慧港口、绿色港口、平安港口建设。在智慧港口方面,成立了智慧港口标准化工作组,重点关注物联网、大数据等高新技术在港口领域的深入应用和标准制定。

（2）发展趋势。

随着港口经济加快转型升级,变革与创新已然成为世界各大港口的必然之举,港口设备自动化、智能化代表着未来港口发展的方向和港口转型发展的关键。据统计,在全球港口货物吞吐量和集装箱吞吐量排名前 10 名的港口中,中国港口占有 7 席。近年来,我国港口大型化、专业化水平明显提速,通过能力显著提升,为国民经济发展提供了有力支撑。当前,我国港口建设已逐步朝着智慧化、自动化方向迈进:厦门远海全自动化集装箱码头成为我国首个拥有完全自主知识产权的全自动化码头,实现全部港口集装箱装卸作业和堆存、翻箱作业。世界上规模最大、设备最先进的上海洋山深水港四期全自动化码头已投入试运营,作为海上丝绸之路的重要港口,上海港正迎接着来自全球 214 个国家和地区的集装箱货物,未来其吞吐能力还将不断增强。当前世界港口的竞争变得更加复杂,如何从传统的竞争格局中走出来,持续发现新的利益增长点,建立起稳定的、可持续的良性发展模式,从而形成持久的竞争优势,将是今后一段时期港口行业面临的长期挑战。我国港口码头领域应顺应国际发展趋势,以自身技术发展优势为基础,积极谋划布局深入开展港口码头国际标准化工作。

（3）港口码头领域标准国际化发展重点方向。

①发展目标。

以探索自动化码头标准国际化工作取得实质性突破为目的,建设并完善自动化码头技术标准体系。促进自动化码头智能机械设备、作业安全、数字化服务等先进技术标准上升为国际标准。加强政府引导,充分发挥企业活力,共同推进自动化码头标准国际化工作,争取在国际标准组织中成立新技术机构,在我国交通运输优势领域标准国际化工作中取得新的突破。

②具体任务及实施路径。

a.加强国际标准研究制定。充分发挥中国港口建设、管理、作业技术等优势,积极开展国际标准的研究制定,为深度参与国际标准化组织治理夯实基础。

b.促进国际国内标准协同发展。推动全国港口标准化技术委员会与国际标准组织技术机构建立技术对口关系,促进交通运输领域国内标准组织与国际标准组织国内对口单位协同发展。加强国际标准转化适应性分析,提升国际国内标准一致性程度。

c.建立国际合作长效机制。通过国际论坛、联合攻关、技术交流等渠道增强与主要国家沟通联系,建立标准化合作长效机制,争取在参与国际标准化工作活动中获得更多支持。

7)工程建设领域

(1)发展基础。

近年来,随着高质量共建"一带一路"深入推进,我国铁路、公路、水路海外工程规模不断扩大。海外工程项目主要分布在非洲、南美洲、亚洲、环加勒比等区域,市场逐渐向欧美和澳大利亚等高端发达市场拓展。海外工程业务领域也逐渐形成以公路、港航、铁路为龙头,包括市政、装备制造、房建、城市轨道交通在内的海外基建格局。

随着海外项目的不断拓展,我国工程建设标准国际化不断深入,以中交集团为代表的行业大型企业在"一带一路"共建国家投资承建公路、铁路、机场、港口等一系列基础设施互联互通项目,大力宣传推广中国标准;推动我国公路工程标准在海外工程中的应用,解决标准应用中遇到的各种难题;开展国外标准翻译及中外公路技术标准对比等课题研究;根据海外项目的需求,开展标准国际化相关宣贯、培训工作。截至2023年,已发布公路工程外文版标准90余本,语种包括英文、法文、俄文等版本。中国铁路建设集团组织编写并出版了英语、法语、西班牙语、葡萄牙语、俄语、老挝语、越南语、泰语、缅甸语9种语言的铁路工程专用词典,促进了海外项目铁路工程技术术语的统一和标准化,也间接帮助越南、泰国、老挝等东南亚国家建立了铁路工程技术术语标准词库,增强与相关国家技术交流的能力。

根据我国交通运输工程建设实际及标准海外应用情况,目前境外工程应用中国标准主要有四种类型,即完全采用中国标准、中国标准属地化、部分采用中国标准、完全采用国际标准等。根据实际经验,目前我国工程建设标准能否采纳应用主要取决于是否为中国援建海外项目、项目所在国别、是否为我国技术优势领域三个方面。首先,对外援助项目的实施是中国标准海外应用的有力抓手,援外工程项目让中国标准逐渐走出国门,搭建了应用中国工程建设标准的平台,也为后续中国企业深入参与标准国际化进程打下了基础。其次,在标准体系缺失或不健全,且欧美标准体系涉足未深的国家和地区,应用中国标准的概率更大,如巴基斯坦、孟加拉国及非洲、拉美部分国家。再次,中国工程建设的技术优势对标准海外推广应用具有重要的推动作用。目前,我国高速铁路、港口机械、疏浚装备、桥梁等工程技术领域处于世界领先地位,并且大多已形成完整的标准体系。以我国工程建设技术、标准、质量、服务为核心的对外竞争新优势与先进工程技术,能够更加"有底气"地带动中国标准走出去。

在我国交通运输标准通过技术、产品走出国门的同时,也面临着中国工程建设标准国际认可度不高、实际项目操作过程中业主更倾向于国际标准或欧美国家标准等情况,这主要是由中外标准存在技术差异、中国标准与欧美标准体系差异较大、国际标准化人才相对缺乏、标准外文版数量少且更新程度较慢、中国标准要求较高等原因所造成的,是当前进一步推动中国标准属地化需要重点考虑解决的问题。

（2）发展形势。

近年来,随着"一带一路"共建国家基础设施互联互通的推进,标准国际化在提高企业的国际市场竞争力、加强国际产能合作方面的重要性日益突出,国家及行业先后制定发布《中华人民共和国标准化法》《国家标准化发展纲要》《标准联通"一带一路"行动计划（2015—2017）》《标准联通共建"一带一路"行动计划（2018—2020）》《关于深化工程建设标准化工作改革的意见》（建标〔2016〕166号）等一系列法律法规、政策制度文件,为新时期交通运输工程建设标准国际化指明了方向,主要包括完善工程建设领域标准外文版体系,加强中外标准对比研究,提升国际标准化水平,整合资源加强行业标准国际化协作,促进中外工程建设标准的对接、互认与融合,加强标准国际化人才培养,加强技术及标准的宣传推广及国际交流合作等。

此外,推动工程建设领域标准国际化发展是共建"一带一路"、加强标准互联互通的需要。基础设施联通是合作发展的基础,既包括交通运输等基础设施的"硬件"建设,也包括制度、规则、标准衔接融通的"软件"建设。在第39届ISO大会发布的《北京宣言》,提出与法国、德国、瑞典、俄罗斯等"一带一路"共建国家密切合作,利用与共建国家联合担任国际标准组织技术机构负责人或秘书处的优势,推动共同制定国际标准。近年来,在工程建设方面,中国与30多个国家签署了"一带一路"合作协议,携手实施了一批合作项目,将进一步推动标准的海外应用与国家间互认。我国与"一带一路"共建国家纷纷建立了双边、多边合作交流机制,发挥中国—东盟、中国—中东欧、亚欧、上海合作组织成员国交通部长会议等国际合作交流资源平台作用,加强与周边国家及部分区域的交流合作,将进一步加强工程建设领域技术标准国际合作。

(3)重点发展方向。

①推动标准海外应用,加强国内外标准互认。通过海外工程建设、设备出口、对外援建等项目,以"硬件"建设带动标准、规则等"软件"互联互通,推进标准海外应用及互认对接。围绕铁路、公路、水运工程相关专业领域,加强中国标准外文版翻译,丰富外文版翻译语种,提升外文版标准的适用性与可操作性。开展工程建设领域标准与国际、区域、典型国家标准体系、技术标准比对分析,增强国内外标准一致性。寻求与项目所在国科研单位、企业等机构开展合作共同开展标准研制及互认工作,推进中国交通运输标准与国际标准协调一致。

②推进国际标准研究制定。以中交集团、中国铁建股份有限公司等交通运输大型企业为主体,围绕重大基础设施建设、工程产品材料等方向开展国际标准提案研究储备。充分利用国内外资源渠道,及时跟踪、了解国际前沿、热点技术的发展动态和标准开发需求,将我国优势技术、创新成果纳入国际标准开发规划。与国内技术对口单位以及国际标准组织技术机构秘书处保持紧密联系,推动国际标准提案申报立项。

5.3 措施建议

5.3.1 加强政策制度体系建设

1)推动交通运输领域标准国际化顶层设计

紧贴实现"交通运输高水平对外开放,促进交通运输政策、规则、制度、技术、标准'引进来'和'走出去'"的交通强国建设及现代化高质量国家综合立体交通网构建任务要求,立足交通运输领域标准国际化发展实际,加强交通运输领域标准国际化战略规划及顶层设计,完善适应综合运输协同发展需要的标准国际化政策制度,制定标准国际化发展路线图,明确分步骤分阶段实施的任务和措施等。

2）建立标准国际化协同工作机制

建立政府引导、企业主体、各方参与的标准国际化协同工作机制。发挥政府宏观指导作用,从行业层面明确各项任务措施及政策保障;发挥企业的主动牵引作用,培育一批参与国际标准化活动能力和水平突出的企业,积极在国际标准化舞台分享中国智慧,不断积累经验;发挥科研机构的技术支撑作用,开展标准国际化发展相关基础研究工作,广泛收集国际、区域交通运输标准化发展动态及需求,着力开展标准差异比对、国际标准研制、国际标准转化、标准属地化等研究;发挥团体协会合作交流平台作用,充分挖掘交通运输国际合作交流渠道,推动与国际标准组织、国际性专业标准组织等相关管理及技术人员的交流互动,深化技术合作。

5.3.2 推动国际标准研究制定

1）加强重点领域国际标准制定

在优势特色领域牵头或参与制定国际标准,推荐中国专家参加国际标准制定、修订工作组,在国际标准组织中持续贡献中国方案。密切联系电气与电子工程师协会(IEEE)、国际海事组织(IMO)、国际航标协会(IALA)、国际铁路联盟(UIC)等国际组织,开展技术合作与标准研制工作,增强优势关键领域国际影响力。

2）建立健全交通运输国际标准提案储备管理机制

通过"征集申报-审核评审-遴选推荐"等方式逐步建立并完善国际标准提案项目常态化管理机制,定期征集交通运输行业国际标准提案项目,开展项目申报与遴选评估,加强国际标准技术储备。优化交通运输相关领域国际标准组织技术机构的对口关系,针对成熟度较高的国际标准提案项目,通过多种渠道向有关国际标准组织提出立项申请。

3）加强国际标准立项申报组织协调

针对目前我国交通运输领域牵头制定的国际标准提案以基础性标准为主、核心技术领域标准不足的问题,应更多考虑聚焦中国交通运输核心技术优势,成体系地推动优势特色领域系统性、关键性国际标准提案研究与申报。同时,鉴于目前国际标准化工作格局形势变化,国际标准提案的申报应进一步集中力量共同开展研究。一方面,积极与国际标准组织国内对口单位、国际标准组织技术机构秘书处保持紧密联系,另一方面,积极开展国家间双多边技术交流,践行"共商、共建、共享"工作原则,提前就标准关键技术内容进行沟通,确保与其他国家或区域市场的技术水平保持基本一致,在国际标准提案项目投票中获取更多支持。

4)完善适应国际标准制定要求的工作机制

建立国际与国内标准项目协同推进的工作机制,缩短国内科技成果迅速转化为标准的周期,快速响应国际新兴领域和技术的标准化发展需求。积极鼓励先进团体标准、企业标准等非政府标准,按照国际标准化工作流程融入并转化为国际标准。推动国际标准与国内标准研究制定同步,按需将国内标准中重要章节和重点技术内容翻译为外文版,进一步缩短国际标准研制周期,快速响应国际新兴领域和技术的标准化发展需求,促进我国交通运输先进技术快速转化为国际标准。

5.3.3 参与国际标准组织工作

1)深度参与国际标准组织治理

推动交通运输行业全国专业标准化技术委员会与国际标准组织技术机构一致性程度提升,以我国交通运输优势特色领域为基础,通过挖掘培育国际标准、在国际标准组织相关技术机构承担秘书处或其他管理职务等方面,提高国际标准化工作贡献度。

2)主动参与国际标准化战略规划制定

充分利用国际标准组织国内技术对口单位等行业资源优势,参与国际标准化工作活动,推动将优势技术成果写入国际标准组织白皮书、研究报告、发展路线图等战略规划文件中,提出中国建议。

5.3.4 持续推动国际标准转化

1)提高行业重点领域标准与国际标准一致性程度

发挥交通运输行业各专业标准化技术委员会作用,各自开展本领域国际标准跟踪、评估与转化研究,加强国际标准转化的试验验证和适应性分析,形成重点领域国际标准转化项目建议清单,提高智能运输、集装箱等交通运输重点领域国际标准转化率。

2）开展国际标准转化合作

针对交通运输领域相关的部分国际标准组织国内技术对口单位不完全归属交通运输行业的现状,鼓励加强与行业外相关专业标准化技术委员会的国际标准转化合作。发挥科研机构、企业、高校等单位的主体作用,加强专业标准化技术委员会间的组织、协调与沟通。

5.3.5　加快推进标准属地化

1）灵活选用标准属地化模式

标准属地化是指在全球或统一标准框架下,在海外项目实施过程中,根据项目所在国家或地区法律法规、文化习惯、市场需求、技术条件等,对标准进行适应性调整或补充,以实现标准的本土适用性和有效性。标准属地化的核心在于平衡"统一性"与"灵活性",既要遵循全球标准普适性原则,同时又应满足项目所在国家地域特殊性需求。根据交通运输相关领域标准属地化案例及经验总结,标准属地化发展模式主要包括转化成为国际标准、转化为区域标准或目标国国家标准、直接采用中国标准三类。围绕中国交通运输标准海外推广与属地化应用的目标,应根据实际情况灵活采用多种模式及路径探索推进。"主导制定""事实标准""标准合作""部分应用"等多种路径探索推进。

（1）转化为国际标准。依托国际标准组织技术机构分析、标准转化方向分析及国内国际技术标准一致性分析,提出国际标准提案建议,并按照国际标准制定程序分步骤推动标准发布。

（2）转化为区域标准或目标国国家标准。在中国标准基础上,结合目标区域或国家交通发展实际进行修改,经政府部门或管理机构认可,按区域标准制定发布程序或当地国家标准制定发布程序正式发布。或通过关键技术要求或指标的适应性修改,以"项目手册""技术指南"等形式,推动我国公路工程相关标准得到目标区域或国家交通运输管理部门认可并得以事实应用。

（3）直接采用中国标准。结合目标国实际情况，将中国交通运输标准相关技术程序、技术要求或技术指标等全部应用于目标国，作为项目实施的主要技术依据。或针对该国家、地区需求较大的领域，以中国标准为单一基础，将中国标准部分内容或主要技术指标要求纳入当地标准或实际应用，提升中国标准海外实施应用的实用性与可操作性。

2）持续开展标准属地化适用性分析

影响标准属地化适用性的主要因素包括海外工程项目的投资主体、属地国家交通运输技术发展水平、标准可操作性、经济指标适用性、环境适用性等。围绕主要因素，从政策适用性、技术适用性、经济适用性和环境适用性等方面深入开展标准属地化应用适用性分析，针对中外交通运输标准相关技术差异问题，推动消除中国标准在海外应用以及推动标准外文版翻译的技术壁垒。此外，除在我国交通运输标准属地化前应开展标准属地化适用性分析外，随着工程项目建设、运营以及交通运输产品在目标国家推广应用过程的持续进行，部分技术指标和技术要求需要随着属地化标准后续实施过程逐步检验和验证。因此，应在标准属地化工作过程中持续开展适用性分析，逐步完善属地化应用标准，进一步提升属地化标准应用的可操作性。

3）成体系开展交通运输标准外文版翻译

建立完善标准外文版立项、翻译、审查和审批发布工作机制，以工程建设、装备技术、运输服务等重点领域标准中文版体系为基础，推动标准外文版翻译工作。推动重点标准中外文版同步立项、同步制定、同步发布。根据市场先进技术的发展应用，灵活、及时对标准外文版内容进行制修订。针对目前国内标准体系与国外不同的问题，应采取"内外有别"的方针，参考国际通行做法，整合、修订国内标准，使其符合国际习惯，同时辅以中外标准对照适用指南，更加突出针对性。

4）打造中国标准海外应用试点项目

结合重大海外工程项目，促进中国交通运输建设模式、成套设备产品和标准规范在"一带一路"共建国家海外示范应用，推动我国交通运输重点领域标准属地化，形成国际竞争新优势。以海外标准化试点项目为依托，实施一批标准化援外培训项目，借助海外工程建设项目加大中国标准援外培训力度，让更多国家地区的相关人员了解中国标准、认识中国标准、熟悉中国标准、接受中国标准。

5.3.6　深化标准国际交流合作

1）推动建立国际标准化双多边合作机制

在中国—东盟、中国—中亚、中国—中东欧、上海合作组织成员国、亚欧交通部长会议机制框架下，发挥沿边地区的区位优势，积极拓展与"一带一路"共建国家标准化合作关系，落实标准化合作成果。鼓励吸纳有意愿的国外专家、技术人员参与中国标准制定或联合制定国际、国外标准，共同开展先进标准研发、标准互认等合作项目，促进标准化战略、政策、措施和项目的全方位对接。

2）建设交通运输标准国际交流与合作平台

整合国家、行业、地方资源，充分利用全球可持续交通高峰论坛、世界交通运输大会、国际标准化论坛（青岛）、"一带一路"国际交通联盟等平台，在重点领域推动与"一带一路"共建国家有关机构开展标准国际交流与合作。邀请国外相关机构、技术专家参与到中国标准编制中，推进中国交通运输标准与国际标准协调一致。在海外项目推进过程中寻求与经验丰富及口碑良好的当地企业开展合作，因地制宜多渠道推动中外标准的对接与融合。

5.3.7　夯实国际合作工作基础

1）推进国际标准化人才队伍建设

开展国际标准化人才队伍培养，建立健全交通运输国际标准化人才选拔、筛选、管理、激励全链条培养机制，积极鼓励国际标准化专家人才参与国际标准化交流活动。建立分类多层次人才培养模式，拓宽国际标准化人才选培渠道，充分利用 ISO、IEC 青年专家计划，ISO 发展中国家行动计划等国际标准组织现有人才培育机制，加强交通运输领域国际标准化人才队伍建设。

2）提升国际标准化信息服务能力

建设国际标准化信息服务系统，涵盖交通运输外文版发布、查阅及购买，国际标准关键技术指标比对,国际标准化信息动态更新,国际标准提案申报及国际标准化人才库管理等信息服务功能,为"一带一路"共建国家提供标准信息服务,以标准信息交换带动标准互认。

5.3.8 强化支撑保障配套措施

1)加强资金保障

加强部省联动,鼓励地方配套支持资金,引导企业和社会各界对国际标准化活动的投入,联合形成资金配套支持政策。深入研究项目经费、绩效奖励等经费支持政策,重点支持国际标准制修订研究及相关国际标准化交流研讨活动。对交通运输国际标准化活动取得突破成果、做出突出贡献、取得良好市场收益的团队或个人切实提高相应效益奖励。

2)建立激励制度

建立并完善国际标准研制激励等方面的科技成果与人才激励制度,推动将国家标准制定纳入交通运输各领域科技奖项及各学会、协会科学技术奖项评定中,并在标准创新基地申报、中国标准创新贡献奖推荐等方面给予支持。加强国际标准组织国内技术对口单位考核,将国际标准化动态跟踪、国际标准提案研究、国际标准研制等纳入相关单位考核内容中,完善国际标准化考核评估机制。将技术人员参与国际标准研制工作情况及取得的系列成果作为交通运输高层次技术人才评选、专业技术资格评审及业绩绩效评价的重要依据。

3)加强宣传培训

建立常态化国际标准化工作典型经验宣传推介机制,面向国外机构,借助国家和行业举办国际会议的契机,加强对我国交通运输优势领域技术的宣贯推广;面向行业单位,多渠道积极宣传推介行业国际标准化工作成功案例和典型经验,树立行业典型。加强国际标准化工作培训,针对国际标准组织基本情况、工作规则、相关技术机构、国际标准制定程序等内容定期组织培训,通过培训进一步加强国际标准提案申报、参与国际标准化工作治理、标准属地化应用等典型经验案例的宣传。

5.4　本章小结

　　本章在国家与交通运输行业关于标准化发展的重要政策体系及目标任务框架下，根据加快交通强国建设重要任务要求，紧贴交通运输标准国际化发展实际，按近期（2025年）、远期（2035年）两个时间节点提出交通运输标准国际化发展目标，明确各阶段目标任务，进一步提出"坚持1条主线、聚焦3项任务、突出7大领域"的交通运输标准国际化发展思路。在交通运输标准国际化发展目标、思路、任务的基础上，从政策制度体系、国际标准制定、国际标准组织工作、国际标准转化、标准属地化、国际合作工作基础、支撑保障措施等方面进一步细化了交通运输标准国际化发展的对策建议，为提高行业标准国际化水平提供基础支撑。

附录

交通运输领域制定发布国际标准统计表

交通运输领域制定发布国际标准统计表

序号	国际标准号	国际标准英文名称	国际标准中文名称	国内归口单位
1	ISO 18186：2011	Freight containers — RFID cargo shipment tag system	集装箱 RFID 货运标签系统	全国集装箱标准化技术委员会（SAC/TC6）
2	ISO 1496-5：2018	Series 1 freight containers — Specification and testing — Part 5：Platform and platform-based containers	系列1集装箱 技术要求和试验方法 第5部分：液体、气体及加压干散货罐式集装箱	
3	ISO 668：2020	Series 1 freight containers — Classification，dimensions and ratings	系列1集装箱 分类、尺寸和额定质量	
4	ISO 6346：2022	Freight containers — Coding，identification and marking	集装箱 代码、识别和标记	
5	ISO/TS 7352：2023	Freight containers — NFC or/and QR code seals	集装箱 NFC/二维码箱封	
6	ISO 1496-4：2023	Series 1 freight containers — Specification and testing — Part 4：Non-pressurized containers for dry bulk	系列1集装箱 技术要求和试验方法 第4部分：无压干散货集装箱	
7	ISO 13111-1：2017	Intelligent transport systems — The use of personal ITS station to support ITS service provision for travellers — Part 1：General information and use cases definition	智能运输系统 支持 ITS 服务的便携终端应用 第1部分：通用信息与用例	全国智能运输系统标准化技术委员会（SAC/TC268）
8	ISO 13111-2：2022	Intelligent transport systems (ITS) — The use of personal ITS station to support ITS service provision for travelers — Part 2：General protocol requirements for data exchange between personal ITS station and other ITS stations	智能交通系统 支持 ITS 服务的便携终端应用 第2部分：个人 ITS 基站与其他 ITS 基站之间数据交换的通用要求	
9	ISO 17515-3：2019	Intelligent transport systems — Evolved-universal terrestrial radio access network — Part 3：LTE-V2X	智能运输系统 演进通用陆地无线接入网络 第3部分：车联网	

续上表

序号	国际标准号	国际标准英文名称	国际标准中文名称	国内归口单位
10	ISO 4306-4：2020	Cranes — Vocabulary — Part 4: Jib cranes	起重机　术语　第4部分:臂架起重机	全国起重机标准化技术委员会臂架起重机分技术委员会(SAC/TC227/SC4)
11	ISO 8384：2018	Ships and marine technology — Dredgers — Vocabulary	船舶与海上技术　挖泥船术语	全国港口标准化技术委员会疏浚装备分技术委员会（SAC/TC530/SC1）
12	ISO 8385：2018	Ships and marine technology — Dredgers — Classification	船舶与海上技术　挖泥船分类	
13	ISO 20661：2020	Ships and marine technology — Cutter suction dredger supervisory and control systems	船舶与海上技术　绞吸挖泥船疏浚监控系统	
14	ISO 20662：2020	Ships and marine technology — Hopper dredger supervisory and control systems	船舶与海上技术　耙吸挖泥船疏浚监控系统	
15	ISO 20663：2020	Ships and marine technology — Grab dredger supervisory and control systems	船舶与海上技术　抓斗挖泥船疏浚监控系统	
16	ISO 39001：2012	Road traffic safety (RTS) management systems — Requirements with guidance for use	道路交通安全管理体系　要求及使用指南	全国交通工程设施(公路)标准化技术委员会（SAC/TC223）
17	ISO 39002：2020	Road traffic safety — Good practices for implementing commuting safety management	通勤交通安全管理体系　良好实践指南	
18	ISO 39003：2023	Guidance on ethical considerations relating to safety for autonomous vehicles	自动驾驶车辆安全伦理考虑指南	
19	ISO 22749-1：2021	Railway applications — Suspension components — Part 1: Characteristics and test methods for elastomer-mechanical parts	铁路应用　悬挂部件　第1部分:橡胶弹性元件性能和试验方法	中国铁道科学研究院集团有限公司
20	ISO 22749-2：2021	Railway applications— Suspension components — Part 2: Approval procedure and quality monitoring for elastomer-mechanical parts	铁路应用　悬挂部件　第2部分:质量控制和批准程序	

续上表

序号	国际标准号	国际标准英文名称	国际标准中文名称	国内归口单位
21	ISO 22752：2021	Railway applications — Bodyside windows for rolling stock	铁路应用 铁路机车车辆侧窗	中国铁道科学研究院集团有限公司
22	ISO 23300-1：2021	Railway infrastructure — Rail welding — Part 1: General requirements and test methods for rail welding	铁路基础设施 钢轨焊接 第1部分：钢轨焊接通用要求和试验方法	
23	ISO 23054-1：2022	Railway applications — Track geometry quality — Part 1: Characterization of track geometry and track geometry quality	铁路应用 轨道几何质量 第1部分：轨道几何及其质量描述	
24	ISO 37165：2020	Smart community infrastructures — Guidance on smart transportation with the use of digitally processed payment (d-payment)	智慧社区基础设施：智慧交通中的数字支付指南	中车青岛四方车辆研究所有限公司
25	ISO 37164：2021	Smart community infrastructures — Smart transportation using fuel cell light rail transit (FC-LRT)	智慧社区基础设施：使用燃料电池轻轨的智慧交通	
26	ISO 37180：2021	Smart community infrastructures — Guidance on smart transportation with QR code identification and authentification in transportation and its related or additional services	智慧社区基础设施：运输及其相关或附加服务中带有 QR 码识别和认证的智慧交通指南	
27	ISO 37183：2023	Smart community infrastructures — Smart transportation with the use of face recognition payment (f-payment)	智慧城市基础设施：使用人脸识别支付（f-payment）的智慧交通	
28	ISO 37184：2023	Sustainable mobility and transportation Framework for transportation services by providing meshes for 5G communication	可持续流动与交通 通过为5G通信提供自组网的交通服务框架	
29	IEC 62621：2011	Railway applications—Fixed installations Electric traction—Specific requirements for composite insulators used for overhead contact line systems	轨道交通 地面装置 电力牵引 复合绝缘子的特殊要求	全国牵引电气设备与系统标准化技术委员会
30	IEC 62718：2013	Railway applications—Rolling stock—DC supplied electronic ballasts for lighting fluorescent lamps	轨道交通 机车车辆 直流电子镇流器	

续上表

序号	国际标准号	国际标准英文名称	国际标准中文名称	国内归口单位
31	IEC 62724：2013	Railway applications—Fixed install-ations— Electric traction—Insulating synthetic rope assemblies for support of overhead contact lines	轨道交通　地面装置　电力牵引　架空接触网用绝缘合成绳索组件	
32	IEC/TR 61375-2-7：2014	Electronic railway equipment—Train communication network（TCN）—Part 2-7: Wireless Train Backbone（WLTB）	轨道交通电子设备　列车通信网络　第 2-7 部分：无线骨干网-WLTB	
33	IEC 62845：2015	Railway applications—Radio remote control system of traction vehicles for shunting application	轨道交通　货运牵引车辆无线重联系统	
34	IEC 62847：2016	Railway applications—Rolling stock—Electrical connectors—Requirements and test methods	轨道交通　机车车辆　电连接器　基本要求和试验方法	
35	IEC 62848-1：2016	Railway applications—DC surge arresters and voltage limiting devices—Part 1: Metal-oxide surge arresters without gaps	轨道交通　直流避雷器和限压装置 第 1 部分：无间隙金属氧化物避雷器	全国牵引电气设备与系统标准化技术委员会
36	IEC/TS 62580-2：2016	Electronic railway equipment—On-board multimedia and telematic subsystems for railways—Part 2: Video surveillance/CCTV services	轨道交通　车载多媒体系统 第 2 部分：视频监视/CCTV 服务	
37	IEC 62995：2018	Railway applications—Rolling stock—Rules for installation of cabling	轨道交通　机车车辆　布线规则	
38	IEC 61991：2019 RLV	Railway applications—Rolling stock—Protective provisions against electrical hazards	轨道交通　机车车辆　电气隐患防护的规定	
39	IEC 62499：2021	Railway applications—Current collection systems—Pantographs, testing methods for contact strips	轨道交通　受流系统　受电弓滑板试验方法	
40	IEC 63076：2019/AMD1：2023	Amendment 1—Railway applications—Rolling stock—Electrical equipment in trolley buses—Safety requirements and current collection systems	轨道交通　机车车辆　无轨电车电气设备与系统　安全性要求和受流系统（修改件 1）	

序号	国际标准号	国际标准英文名称	国际标准中文名称	国内归口单位
41	IEC 62973-3：2023 PRV	Railway applications—Rolling stock—Batteries for auxiliary power supply systems—Part 3：Lead acid batteries	轨道交通 机车车辆 辅助供电系统蓄电池 第3部分：铅酸锂电池	全国牵引电气设备与系统标准化技术委员会
42	IEC 62973-5：2023	Railway applications—Rolling stock—Batteries for auxiliary power supply systems—Part 5：Lithium-ion batteries	轨道交通机车车辆 辅助供电系统蓄电池 第5部分：锂离子蓄电池	
43	IEC 63190：2023	Railway applications—Fixed installations— Electric traction—Copper and copper alloy catenary wires for overhead contact line systems	轨道交通 地面装置 电力牵引 架空接触网系统铜和铜合金承力索	
44	ISO 23629-9：2023	UAS traffic management（UTM）—Part 9：Interface between UTM service providers and users	无人驾驶飞机系统交通管理（UTM） 第9部分：服务提供商与不同用户之间的信息交换要素	全国航空运输标准化技术委员会（SAC/TC464）

注：1. 表中统计国际标准为三大国际标准组织（ISO、IEC、ITU）发布的国际标准。

2. 表中数据截至2023年12月。

参考文献

[1] 中国共产党中央委员会,中华人民共和国国务院.交通强国建设纲要[A/OL].
(2019-09-19)[2023-07-12]. https://www. gov. cn/zhengce/2019-09/19/content_
5431432. htm? trs=1.

[2] 中国共产党中央委员会,中华人民共和国国务院.国家综合立体交通网规划纲要
[A/OL].(2021-02-24)[2023-07-12]. https://www. gov. cn/gongbao/content/2021/
content_5593440. htm.

[3] 中国共产党中央委员会,中华人民共和国国务院.国家标准化发展纲要[A/OL].
(2021-10-11)[2023-07-12]. https://www. gov. cn/gongbao/content/2021/content_
5647347. htm.

[4] 国家标准化管理委员会,中央网新版,商务部,等."十四五"推动高质量发展的国家
标准体系建设规划:国标委联〔2021〕36号[A/OL].(2021-12-14)[2023-02-22].
https://www. sac. gov. cn/xxgk/zcwj/art/2021/art_51ab9411394a44d78985f6f5efdc80a7.
html&wd=&eqid=ba459920000ade5300000003648837da.

[5] 交通运输部,国家标准化管理委员会,国家铁路局,等.交通运输标准化"十四五"发
展规划:交科技发〔2021〕106号[A/OL].(2021-10-28)[2022-12-24]. https://www.
mot. gov. cn/zhuanti/shisiwujtysfzgh/202201/P020220112573322492679. pdf.

[6] 交通运输部,国家铁路局,中国民用航空局,等.加快建设交通强国五年行动计划
(2023—2027年):交规划发〔2023〕21号[A/OL].(2023-03-31)[2023-10-20].
https://www. gov. cn/lianbo/2023-03-31/content_5749421. htm.

[7] 国家标准化管理委员会,教育部,科技部,等.标准化人才培养专项行动计划
(2023—2025年)[A/OL].(2023-11-07)[2024-01-08]. https://www. samr. gov. cn/
bzcxs/zcwj/art/2023/art_a456d43a099146a6ad85e6d0d3783c60. html.

[8] 刘伊生,华梦圆,叶美芳.我国工程建设技术标准国际化影响因素及机理研究[J].建设科技,2012,24:79-81.

[9] 许佑顶,高柏松,杨吉忠,等.中国铁路工程建设技术标准"走出去"战略研究[J].铁道工程学报,2016(5):116-122.

[10] 刘春卉.我国优势领域标准走出去的典型路径研究[J].标准科学,2020(8):11-14,19.

[11] 史砚磊,王伟.交通运输标准国际化现状及对策研究[J].标准科学,2019,8:75-79.

[12] 潘硕,王伟,吴忠广,等.基于改进云模型的交通运输标准国际化水平评估[J].交通运输研究,2022,8(2):30-38.

[13] 孙利国,杨秋波,任远.中国工程建设标准"走出去"发展战略[J].国际经济合作,2011(8):56-59.

[14] 王立非,蒙永业.论实施中国标准"走出去"战略的语言服务路径[J].中国标准化,2016,3:34-39,46.

[15] 刘春青,王益谊,杨锋,等.积极推动我国国家标准英文版工作的开展[J].中国标准化,2013(11):59-62.

[16] 倪广斌,周诗广,朱飞雄.铁路行业工程建设标准先进性与国际化探讨[J].铁道经济研究,2016(1):1-5,11.

[17] 朱飞雄.我国铁路技术标准实现国际化的可行性[J].铁路工程技术与经济,2018(1):1-5.

[18] 陈源,种栗,朱梅,等.ISO/TC 269国际标准新项目建议评价指标研究[J].铁道技术监督,2017(10):1-4.

[19] 朱飞雄,倪光斌.开展中德铁路标准对比分析,促进中国铁路标准走向世界[J].铁道经济研究,2010(4):5-9.

[20] 华梦圆.我国铁路机车车辆技术标准国际化发展研究[D].北京:北京交通大学,2014.

[21] 毛芳,盛立新.国际标准化发展新趋势背景下中国标准国际化的现状及路径完善[J].标准科学,2018(12):88-91.

[22] 袁瑜彬."一带一路"倡议下我国标准"走出去"模式研究[D].长沙:湖南大学,2018.

[23] 张定康,辛效威,任翔.从国际TC/SC分布格局看我国国际标准化工作[J].中国标准化,2018(17):71-75.

[24] 窦以松,齐莹.浅析我国标准化的改革发展及国外标准化现状[J].工程建设标准化,2012(4):12-16,48.

[25] 周紫君,沈婷婷,王辉.我国公路工程标准国际化现状及建议[J].交通运输研究,2019,5(5):55-62.

[26] 田俊峰,侯晓明,丁树友,等.挖泥船国际标准制修订过程及经验[J].中国港湾建设,2018,38(12):64-68.

[27] 陈伟.我国高速铁路标准国际化现状与对策研究[J].工程建设与设计,2019(21):245-246,249.

[28] 付强,王益谊,王丽君.我国国际标准化发展亟需战略规划—ISO 战略规划的制定和实施及启示[J].中国科学院院刊,2014,29(3):299-302.

[29] 韩鹏飞.中德高速铁路路基设计主要技术标准对比分析[J].铁道工程学报,2017,34(4):21-24.

[30] 王竞楠.德国标准化与德国崛起[D].济南:山东大学,2013.

[31] 李会光.欧美日中标准制定和管理机制的比较研究[D].天津:河北工业大学,2007.

[32] 王丽君.ISO 秘书处承担机构的变迁及我国的对策[J].标准科学,2014(9):74-78.

[33] 朱斌.浅析全球主要国家和区域的标准化战略[J].中国标准化,2019(15):54-57.

[34] 许柏,读东博,刘晶,等.日本标准化战略发展历程与最新进展[J].标准科学,2018(10):6-10.

[35] 王朋.英国标准协会及标准战略框架[J].中国质量技术监督,2007(10):48-49.

[36] 韩可卫.欧盟、美国、日本标准化战略比较分析及借鉴[J].科技管理研究,2009(3):229-231.

[37] 邝兵.标准化战略的理论与实践研究[D].武汉:武汉大学,2011.

[38] 王金玉.主要发达国家技术标准国际竞争策略及实施成效研究[J].标准科学,2008(2):4-8.

[39] 陶相辉,吴小清,隋月红.欧盟标准化对长三角区域一体化发展的启示[J].经济研究导刊,2019(34):59-60.

[40] 邓希妍.浅谈日本工业标准化及国际标准化战略[J].中国标准导报,2014(6):45-48.

[41] 刘春卉."一带一路"背景下我国铁路建设标准国际化路径选择[J].标准科学,2019(4):32-35,54.

[42] 张静."一带一路"背景下中国铁路"走出去"建设模式创新研究[D].北京:北京交通大学,2018.

[43] 沈婷婷.关于公路工程标准外文版的思考[J].交通建设与管理,2018(4):80-82.

[44] 柴华."一带一路"倡议下工程建设标准国际化的现状分析与政策建议的探讨[J].工程建设标准化,2018(3):54-56.

[45] 郝江婷.中国工程建设标准海外应用情况分析及对策[J].标准科学,2019(1):73-80.

[46] 宋明顺,杨铭,余晓,等."一带一路"设施联通下的铁路标准体系研究[J].中国标准化,2018(11):56-61.

[47] 许佑顶,高柏松,杨吉忠,等.中国铁路工程建设技术标准"走出去"战略研究[J].铁道工程学报,2016,33(5):116-122.

[48] 周紫君,沈婷婷,王辉.我国公路工程标准国际化现状及建议[J].交通运输研究,2019,5(5):55-62.

[49] 黄乐富,宋明顺."任务驱动式"国际标准化高端人才队伍培养的探索与实践[J].标准科学,2019(5):44-48.

[50] ISO. ISO Strategy 2030[R/OL]. (2021-02-23)[2024-01-05]. https://www.iso.org/publication/PUB100364.html.

[51] IEC. IEC Strategic Plan[R/OL]. (2022-05-25)[2024-01-10]. https://www.iec.ch/strategic-plan.

[52] BLIND K, JUNGMITTAG A. The impact of patents and standards on macroeconomic growth a panel approach covering four countries and 12 sectors[J]. Journal of Productivity Analysis 2007,29(1):51-60.

[53] ZHANG L, WU X, CHEN Q, et al. Developing a cloud model based risk assessment methodology for tunnel-induced damage to existing pipelines[J]. Stochastic Environmental Research & Risk Assessment, 2015, 29(2):513-526.

[54] PAN W, YANG L, YIN L. Research on Key Issues and Countermeasures of Internationalization of Chinese Enterprise Standards[C]// Conference on Modern Management based on Big Data. Pennsylvania: IOS press, 2020, 329: 1-11.

[55] CHAI H, LIU Y. Strategy research of internationalization of engineering construction standards for the Belt and Road Initiative[J]. IOP Conference Series Earth and Environmental Science, 2019, 304: 032003.

［56］ SHEN Z, XU X, HE Y, et al. An Improved Runway Operation Capacity Model for V-Open Multirunway Airports in China［J］. Journal of advanced transportation, 2022（1）:1-10.

［57］ TRIVEDI A, JAKHAR S K, SINHA D. Analyzing Barriers to Inland Waterways as A Sustainable Transportation Mode in India: A DEMATEL-ISM Based Approach［J］. Journal of Cleaner Production, 2021, 295:126301.

［58］ CANAUD M, FAOUZI N E E. ECOSTAND: Towards a Standard Methodology for Environmental Evaluation of ITS［J］. Transportation Research Procedia, 2015, 6:377-390.

［59］ NGANIGE T N, ADAMU C I, AGBOR E E, et al. Accumulation of Essential and Non-Essential Trace Metals in Soil-Plant System in Parts of Southeastern Nigeria［J］. Journal of International Cooperation in Education, 2013, 15:60-67.

［60］ AKSOY Y, LUSTIG H. Exchange Rates, Prices and International Trade in a Modelof Endogenous Market Structure［J］. The Manchester School, 2007（1）:75.